"以爱育爱"教育丛书

丛书主编：李烈　丛书副主编：芦咏莉　冯红

心的成长

许 颜 ◎ 著

心智能力的培养与发展

Xin de Chengzhang

科学出版社

北 京

内 容 简 介

对于不同的个体来说，科学的研究结论与经验都或多或少有着一定的局限性，一些教育理论与方法不会完全适用于每个个体，甚至在某些时候互为矛盾。真正符合每个个体的教育形式需要由学习者按照自身的需要来选择，不能直接套用既定的方法。如何选择最适合的、具体的、个性化的、发展的教育方法，以促进学习者的心理能力发展，是教师和家长共同关注的问题。本书是笔者近 20 年潜能开发研究的总结与提升，共包括六章，第一章介绍了什么是心智能力，第二章阐述了信息与心智能力的关系，第三章介绍了静心的方法及其与心理能力训练，第四章、第五章分别介绍了认知、元认知能力与心智能力训练，第六章介绍了心智能力的判断与引导，并在附录部分分享了心智能力训练课程的设计框架、课程实践案例，以及师生对心智能力训练的反馈信息。

本书适合中小学生家长、中小学教师，以及关注孩子心智成长的人群阅读。

图书在版编目（CIP）数据

心的成长：心智能力的培养与发展 / 许颜著. —北京：科学出版社，2017.6

（"以爱育爱"教育丛书 / 李烈主编）

ISBN 978-7-03-053067-7

Ⅰ. ①心… Ⅱ. ①许… Ⅲ. ①小学教育-教学研究 Ⅳ. ①G622.0

中国版本图书馆 CIP 数据核字（2017）第 125404 号

责任编辑：孙文影 / 责任校对：李 影
责任印制：张克忠 / 封面设计：润一文化

联系电话：010-64033934

电子邮箱：edu-psy@mail.sciencep.com

科 学 出 版 社 出版

北京东黄城根北街 16 号
邮政编码：100717
http://www.sciencep.com

北京虎彩文化传播有限公司 印刷

科学出版社发行　各地新华书店经销

*

2017 年 6 月第 一 版　开本：720×1000　1/16
2019 年 1 月第三次印刷　印张：13 1/2　插页：2
字数：250 000

定价：49.80 元

（如有印装质量问题，我社负责调换）

以爱育爱，使教育梦想扬帆起航

教育之发展，首先是思想之发展。名校之特征，首推鲜明、先进且鲜活的教育思想或办学思想。唯有此，才能被世人传颂，才可能在教育史上留下浓墨重彩，被后辈传承与发展。

北京第二实验小学，一直都是首都小学教育的一面旗帜。1997 年，我接任北京第二实验小学校长一职。如何站在前辈深厚积淀的基础上，集当时教育研究之大成，提出学校发展的新思路、新思考，是我当时面临的首要课题。最终，以己推人，我提出"双主体育人"办学思路，将教师之"教育主体"与学生之"学习主体"齐肩并存，并强调两个主体在教学相长过程中的"互育"以及对己负责过程中的"自育"，即双主体共同成长。"以爱育爱"，和"以学论教""以参与求体验""以创新求发展"一起被提出，成为"双主体育人"办学思路的四大支柱，贯穿学校教育的全过程、全方位。

先进的教育思想，源自于历史积淀中的不断传承与发展。作为百年老校，"爱"始终是北京第二实验小学教育的主旋律。在百年校史中，大家熟悉的各位教育前辈，如陶淑范先生、霍懋征先生、关敏卿先生、马英贞先生、姚尚志先生等，都一再提出爱在教育中不可替代的重要地位。如"不爱教师的校长，不算好校长""没有爱，就没有教育""不爱学生的老师，不算好老师"……以爱育爱，再次强调了爱在教育中的重要性，不仅明确了爱是教育手段——即教师的"爱"应贯穿教育的全过程，渗透在教育的全方位；而且突出了爱是教育目的——育出学生的"爱"，是教育的首责。

2003年9月，时任总理温家宝来我校参观，听取汇报之后，在感慨之余挥毫题写了"以爱育爱"四个大字。自此，"以爱育爱"成为北京第二实验小学的品牌与标志。

随着学校"以爱育爱"教育实践的不断深入，"以爱育爱"已经从教育过程中"教师—学生"之间爱的激发、培育，逐步引申到学校管理中"管理者—教师"之间爱的激发、培育，再扩展到学校发展环境与系统中"学校—社会（家长）""家长—孩子"之间爱的激发、培育。由此可见，"以爱育爱"对各教育要素之间相互作用的关系，对宏观、中观、微观等不同层级的教育系统健康发展，产生了广泛而深远的影响。

与此同时，随着"全人"发展的深入解读，在北京第二实验小学，"爱"被明析为两部分：一是以"爱探索、爱思考、爱研究"等行为特征为代表，"爱"成为学生认知发展的核心内容与动力，并以"人"字的左撇来标示；一是以"爱他人、爱社会、爱国家、爱世界、爱自己"等行为特征为代表，"爱"成为学生社会情感发展的核心内容与动力，并以"人"字的右捺来标示。也就是说，借着"人"字的结构，其一撇（认知发展）一捺（品德发展）共同撑起学校教育中的全"人"发展，构建出"以爱育爱"的两大领域与核心内容。

近20载"以爱育爱"教育实践的不懈探索，北京第二实验小学创造出新的佳绩，迈入新的辉煌。

首先，塑造出一批优秀名师和一个以"美丽、智慧、快乐"著称的和谐教师团队。通过以爱育爱，改变教师的心智模式、加强和谐团队建设、培养教师的归属感。通过以爱育爱，提升教师的教学策略、促进学生有效成长、培养教师的效能感。归属感和效能感相辅相成，共同构成了北京第二实验小学激发教师主动发展的"∞教师成长模型"。一批名师就在这样的充满爱和研究的和谐氛围中不断探索、实践，逐步成长、成熟，形成了对教育教学的独特认识。参与本丛书编写的施银燕老师（《行走在数学与儿童之间》)、周晓超老师(《游走在自我发展与成就学生之间:青年教师掬水留香的教学生活》)、许颜老师(《心的成长:心智能力的培养与发展》)是其中的代表。教师及其团队的成长与成熟,正是"以爱育爱"教育思想(《爱的智慧:北京第二实验小学爱的教育故事》)、"双主体育人"办学思路(《以爱育爱:双主体育人实施手册》)最具代表性的成果。

其次,打造出一系列彰显学生主体的参与式特色课程体系。遵循"爱"的左撇,学校在特色课程建设中,充分关注探索任务的真实性与趣味性,充分关注探索过程的参与性与挑战性,充分关注探索结果的价值性与推广性,以最大程度地调动学生探索、思考和研究的欲望。遵循"爱"的右捺,学校在特色课程建设中,充分关注自主与选择、统筹与规划、分工与执行、冲突与合作、责任与担当等各种核心品质的培养,基于现实情境展开人格的塑造与社会情感的培养。于是一系列广受师生、家长喜爱的特色课程诞生,如低年级的主题板块、中高年级的主题研究课,学科平行选修课,国学"思与行"课程,立体的书等等。本丛书采撷了其中两束[《研之趣:北京第二实验小学主题研究课案例集(上、下册)》《数之乐:玩着游戏学数学》],与大家分享。

另外,还构建出凸显"目中有人"的学校系列文化。随着学校双主体之主体作用的不断激发,学校逐步走向从制度到文化的转型。围绕教师、学生两大主体,首先构建出教师文化、学生文化,同时分别衍生出了教师群体中的党员文化、学生背后的家长文化。遵循以爱育爱,围绕教师、学生之间的互动,创生出了学校的课程文化与课堂文化。同样,遵循以爱育爱,基于学校管理中"教师第一"的思考,又构建出学校的管理文化和制度文化。最终和校园文化一起,形成了凸显目中有"人"的北京第二实验小学九大文化体系。这其中,对于同行而言,最具有特色的当属学校"生本、对话、求真、累加"的课堂文化。尤其关于对话,在长达 5 个学年之久的科研月中,呈现的都是学校教师团队不断探索的内容,最终围绕"教师勇敢地退,适时地进",围绕"课前参与—课中研讨—课后延伸"总结出了系列的教学策略包。在本丛书中,我们以语文、数学学科为例,提供出近年来或者受到大家好评，或者颇有研究价值的课例（《徜徉在语言文字间：北京第二实验小学语文案例集》《有滋有味的数学：北京第二实验小学优秀数学研究课荟萃》），供读者批评指正。

不愿意当将军的士兵，不是好士兵。这句话推崇的是理想、信念在专业成长中的意义和价值。我深感认同。有鉴于此，我想说：真正爱教育的人，一定有一个教育梦想。作为一位从教 40 余年的老教育工作者，我以为：以爱育爱，使教育梦想扬帆起航。

最后，诚挚地感谢科学出版社的领导、同仁，尤其是付艳、孙文影等编辑，是她们的全情投入，使本丛书几经周折，终于顺利出版。在此代表所有沐浴在"以爱育爱"旗帜下、成长于"以爱育爱"沃土的二小教师们，对科学出版社的工作团队，和历年来关心、支持北京第二实验小学成长、发展的各界朋友，表示衷心的感谢！

2016 年 12 月

于新文化街 111 号酬勤堂

Grow up，成长，无论在中文还是英文中，它们都以动词形式出现，意味着世间万物都处在动态和变化之中。

通常，人们更加关注孩子们的成长，但实际上，成长并非单属于孩子们的专利，凡有生命的都会有意无意地进入到成长的动态过程中。生活中，植物与动物的成长似乎更趋于自然状态。而人们却在一个自然的过程中复杂地成长着。因为人的需要决定着人的成长过程。

当今的社会已经进入一个个性化的时代。应该说是人类的又一次进步！因为，人的发展开始回归自然，每个生命因循着个体的需要与规律生长着。这期间依旧保持着人类或者说是事物的基本共性，即人或事物的基本特征，但是不再有统一的、模板式的认识与需要，更不会再出现英雄式或神话般的人或事。社会越来越趋向于人性的本能发展，越来越显现自然的本性特征，即便是约束力的产生也一定是因需要而生，因需要而主动服从。因此，我认为，人的发展应该是一种组合式的，在互联网的信息化时代中，我们反而更应该以清晰、明确的方式，以个体自身需求成长为基础的交互形式推动社会的前进。

我是一名普通的小学教师，在 20 多年的教育经历中不断地发现，不断地思考，不断地尝试，不断地总结，不断地改变……在不断地拜读诸位教育理论家的研究结果，聆听各位教育经验家的心得感受，结合众多生活中的教育实例后，却真实地发现：这些科学的研究结论与经验对于不同的个体来说，都或多或少地有一定的局限性。虽然这些结论都是正确的，能够同时存在，也可以相互补充，有其可仿照和复制的成分，但是针对不同的个体还是会出现不完全适用的状况，甚至在某些时候互为矛盾。我想：真正恰当符合每个人的教育形式应根据人本身的需要来选择，方法不能直接套用，需要挑选、改进，甚至重新组合，或寻找新的形式。教育的效果最终是由人自己认可和确定的。如何选择最适合的、具体的、个性化的需要，以及发展的教育方法，是更多教师和家长关注的问题。因此，我写此书的目的是试图把自己的体验与感悟借助生活中的真实事例表达出来，以便引发更多人的进一步思考，得到更多人高深的见解，再促使我自身更多地发现，更好地提高认识。

实事求是地讲，这本书的诞生最初不是为了出版，只是为了告诉一些亲朋好友自己的一些教育感受。但是正是因为准备开始写这本书，所以也开启了我整理了近20年进行潜能开发研究的思绪。

这个过程让我清晰地发现人的经历与积累的确是很重要的！也许在很多人看来这虽是老生常谈的话题，但对我来说确是真实的体验。

我自认为自己是一个比较幸运的人，自从参加教育工作开始不久就介入了一些课题的研究领域。

工作之初，我是在北京市育才学校小学部工作的，当时在王建宗与王俊英两位校长的带领与支持下，跟随温寒江老先生一起进行过发展右脑形象思维的研究，进而又开始了左右脑相结合的全脑开发实践研究活动。在这个进程中，我逐渐拓展着自己对教育与学生的认知，从中领悟到教育的真谛源自于心的成长！

在这之后我更加幸运的是又遇到了毕业于北京师范大学心理系的宋丽波博士（她工作于人大附中）。是她引导我认识了表象技术对人的开发价值，帮助我走进了如何了解人的心灵深度的领域。又是在她的引荐下使我有机会接触到美国马萨诸塞州立大学波士顿校区心理学院的玛莎院长、严文蕃教授和美国东北大学的李杰教授。在波士顿校区孔子学院孙柏凤老师的帮助下，我最终有机会走出国门，进行了近5年的美国访学之旅，真是受益良多。

当然，旅美学习能够顺利进行，更得益于北京第二实验小学李烈校长的高站位与不折不扣的全力支持，以及给予我的各方面的帮助！

基于前面一系列的教育学习与深入研究的各种机遇与累加，无论是在中国还是在美国的几年学习与教育实践过程中，我的教育体验与感悟不断地得到增加与提升。但是，当想把这些感悟写成文稿时，我却发现：一个自然人的成长有着他极其特殊的环节，一些案例的呈现无论怎样描述都不能保证原汁原味，所以，单纯地只是抓住主要环节是不能够体现案例的完整性的，这样，就不具备照此模仿的示范用途。我想：也许是由于个人研究与提炼能力尚有待进一步提高，所以，只能将自己的个人感悟尽可能多地、比较全面地表达出来供大家参阅，以此激发更多教育者的智慧。也真心愿意与更多的人共同交流与探讨，甚至愿意接受不同角度的质疑、批评和指正，更愿意尽自己的全力将此研究进行到底！

或许，我此生不一定能够得到一个确切的结论，但愿此书可以起到抛砖引玉的作用，能够真正帮助更多的孩子与家庭在生活中获取快乐，让心的成长自然而有收获！

本书的构成特别要真诚地感谢一直以来不为名、不为利，只为探寻内心真实答案，探寻自我成长的伙伴们！

特别感谢多年来对此项研究的支持者与共同研究的伙伴们——冯红书记、姚静薇书记、宿梅书记、高慧先主任、张丽主任、刘伟主任、孔泽明、胡春兰、韩莉芝、蒉丽群、王蕴、张维、魏彦斌、石枫、魏刚、姚瑄、刘阳、曹兰、杨蕊、张未、洪岩、王红、陈常荣、明晓洁、杨晓燕、姜茜、张娜、刘婕等，以及后来参与研究体验活动的教育工作者们！

特别感谢石海平、赵娟老师共同进行为期一年的潜能开发班的创建、课程开发，以及相关资料的收集、整理与总结工作！

特别感谢能够在这个没有止境的探索道路上给予我和我们的研究团队支持与帮助的各位领导和专家们！

再次特别感谢李烈校长对研究给予的坚定的支持！

真诚地希望这本书的诞生能够开启更多人的思考，激发并得到更多人更多角度的有价值的能够帮助孩子成长的教育观点。

真心说一声："谢谢！"

许 颜

2016 年 9 月

目 录
Contents

第一章
认识心智能力

在中国经历了近 15 年的有意观察与研究，并在美国进行了将近 5 年的相关访问与实践，以及参阅了大量关于人的大脑即左右脑功能与认知和思维能力的研究资料后，我越来越发现，人的成长除了生理的自然发展，同时也是心理与各种能力共同协调发展的过程，即人的心智发展过程。在这个过程中，心是智的基础。这个过程是一个在遵循人成长的自然规律的前提下，在心智能力方面进行的恰当地引导与提升的过程。

心理学中心智的定义是指人们对已知事物的沉淀和储存，通过生物反应而实现动因的一种能力总和。一个人的"心智"指的是他的各项思维能力的总和，用以感受、观察、理解、判断、选择、记忆、想象、假设、推理，而后以此为根据指导其行为。乔治·博瑞（C. George Boeree）博士给出的定义中，心智主要包括以下三个方面的能力：①获得知识；②应用知识；③抽象推理。博瑞博士认为，一个人一生的幸福与他的心智直接相关。人与人之间存在着智力的差异，即：每个人心智的力量强弱不一，且可能相互之间有着天壤之别。

越来越多的科学实验证明，加强心智能力的训练可以维持心智敏锐。美国宾夕法尼亚州立大学人类发展学教授威利斯在美国医学会期刊提出的报告中指出，脑力训练就像练体能一样，可以防止中老年人的心智能力退化。威利斯针对美国 2802 名平均年龄 73 岁的男性和女性老年人进行长期追踪研究，时间从 1998 年到 2004 年，他们来自六个城市，都是独立生活，以白人为主，非裔占 1/5。研究人员将他们随机分成四组，有 1877 人分别接受记忆力、理解力或者心智活动速度训练，剩下的人完全不接受任何脑力训练，当作对照组。他们总计接受 10～18 小时的脑力训练。五年后，这 1877 人中又有 700 人再接受短期加强训练。结果显示：记忆力组的表现比对照组提高 75%，理解力组提高 40%，心智活动速度组提高 90%；至于再接受短期加强训练的那些人，他们从事日常生活活动的反应甚至比对照组快 3 倍。因此，研究显示，心智能力训练的投资报酬率比体能训练还高。但是目前，对心智能力进行投资的人与健康运动投资相比较比例并不高，说明人们对此的认识程度有待提高。

2010年3月我来到了美国波士顿，继续对心智能力训练这一课程进行实践与研究。2011年我参加了美国波士顿一所公立小学教师的教育研究工作会。教师们重点围绕如何解决学习者学习能力培养和调整学习状态进行交流。当时我清楚地看到多数教师面露难色，他们纷纷提出教育过程中的困惑，大多是在寻求如何转变学习者学习状态的方法。

在我的导师马萨诸塞州立大学波士顿校区教育学院系主任严文蕃教授的建议下，以及孔子学院孙柏凤老师的推荐下，这所学校的校长同意让我来给学习者上心智能力训练课。她建议我接一个四年级中问题较多的班来上课，希望借助我的力量来改变学习者的状态。

第一次走进这个班时，我对学生进行了短暂的观察：全班共有24名学生，大多是黑人与拉丁裔的学生。这些学生状态不一，有的趴在桌上睡觉，有的发呆，有的玩着手中的东西……这个班的老师是一位高个子的黑人女教师。她表情严肃，声音有些嘶哑，食指用力按住自己的太阳穴，还在认真地进行授课。看到我来，她摇摇头说："太累了，这些学生需要训练。"就这样，我开始了在美国课堂的教学实践。

通过观察和采用学习者自我创作的图画进行分析，我把握了这个班的学生的主要问题——大多数学生没有接受过有条理性的思维训练，所以做事盲目没有目标。于是，我用自己设计的课程内容对学习者开始了每周两次的教学。在授课过程中，我用心地感受着中美两国小学生的异同，渐渐地，我发现孩子的心灵与能力养成是不分国界的。

随着时间的流逝，孩子们越来越喜欢上这门课程。课程之初，我总是需要提醒孩子们："上课了请坐好。"慢慢地，只要看到我站在教室前面，学生们就能够很自觉地坐好，并面带笑容地进入学习状态。

经过一个月的静心与能力训练后，学生的状态发生了巨大的变化，无论在什么课上，再也看不到他们懒散的状态，而是呈现出随时睁大眼睛、注意力高度集中的精神面貌。他们的改变也让这个班的班主任感到欣喜，她很谦虚地向我咨询训练的方法，还有意在日常教学中运用。三个月后，这个班的学生的课堂情况更是有了大幅度改善，学生的学习热情也增强了。比如，他们希望我教他们学习中文，一见到我就主动用中文打招呼。突然有一天，我发现其他班的学习者也开始说中文。学校的走廊中随时传来"你好！""再见！"亲切而熟悉的声音。

接着我又陆续地走进一些学校，接触了许多美国学生，还有一些美籍华人的孩子，并对这些学习者进行了心智能力训练。在教学中我从更多的、不同的角度发现：不同国家与种族的学习者的成长规律是一样的，但是，不同学习者的教育切入点却大不相同，这就需要施教者更好地发现、把握学习者的实际情况，进行恰当地引导。

美国杰出的心理医生 M. 斯科特·派克（M. Scott Peck）所著的畅销书《少有人走的路：心智成熟的旅程》（*The Road Less Traveled*）之所以能够在《纽约时报》畅销书排行榜连续上榜近 20 年，是因为书里的观点来源于作者真实的从业经历。该书作者认为：人可以拒绝任何东西，但绝对不可以拒绝成熟。拒绝成熟实际上就是在规避问题、逃避痛苦。规避问题和逃避痛苦的趋向，是人类心理疾病的根源，不及时处理，你就会为此付出沉重的代价，承受更大的痛苦。心智成长就是敢于面对、正视自我的过程。只有直面问题，我们的心智才会逐渐成熟；逃避问题，心灵就会停滞不前。然而，在我们的现实生活中，逃避问题的人比比皆是，所有逃避者都在阻碍自己心智的成熟，其成长就会受到严重的阻碍；然而一切心智成熟者，他们的人生之旅都是从直面问题开始的。

一个人的成长就是心智的成长历程。这个过程需要帮助，需要呵护，更需要有意识地引导、点拨与训练。

纽约圣约翰大学教授韦恩·戴尔博士（Dr. Wayne W. Dyer）也提出，每一个人生问题都有一个心智的解决方案。无论你的问题是关于生存的担忧、情绪的困扰、事业的挫折、身体的疼痛，还是心理的障碍，只有从心智成长入手解决人生所遇到的问题才是根本的解决之道。

第一节 心是智的基础

所谓心，从生理学的角度来看，就是人和高等动物体内主管血液循环的器官，通称"心脏"，在日常生活中也可以被理解为中央枢纽、中心部分，但是更多的时候被习惯地指思想的器官、思想情况和感情等，即心理（源于 eduu 字典）。

在日常生活中，我们遇到事情的第一时刻并不是进行思考，而是内心反映出来的一种感觉，而后才是依据感觉进行的自我思考。因此，心走在智的前面，是智产生的基本条件。如果没有内心的感觉，智也就无从产生，而智就是解决内心需求的方法。

内心的需求发展

随着人的成长变化，人的内心需求也在不断地升级变化。即使每个人的心智发展速度不同，也同样具有相对一致的发展规律。按照马斯洛的需求层次理论，人是按照生理需要（physiological needs）、安全需要（safety needs）、爱和归属需要（love and belonging needs）、尊重需要（esteem needs）、自我实现需要（self-actualization）这五个层次来发展的。在自我实现需要之后还有自我超越需要（self-transcendence needs）。因为不断有内心需要的出现，也就会有相应的行为出现，思想也就由此产生，这便是心智形成的完整过程。这样就不难理解，为什么人总是会有很多事情要做，为什么会有剪不断的问题需要人努力解决。

让心动起来

俗话说，"心动才能行动"。这是一组顺承的自然关系。

但是，在科技发达的现代生活中，我们却十分遗憾，甚至经常看到一些人正在毫无顾忌地打破着这种自然规律。

 案例一

一位孩子的妈妈严格地按照个人计划给孩子补充食物，当孩子已经吃饱时，这位妈妈发现还没有给孩子吃水果，于是便将一块准备好的水果塞进孩子的嘴里，孩子躲闪不成，只得将这块水果含在嘴里迟迟不肯下咽，从而产生对水果的抵触情绪。

有人说情绪是思想的能量，所以心是心智的发电机。的确，心的感觉多数是通过情绪来表达的。可见，在人饥饿时给予他食物就是满足需求，但前提是这个人自身感觉饥饿，食物才会成为一种需求。如果在这个人并不饥饿时我们却将食物塞进他的口中，食物就会成为一种负担。这种负担使得孩子的内心产生了不愉悦的感觉，因而通过情绪抵触的方式表现出来。

案例二

为了保证孩子免遭被磕碰的痛苦，一位奶奶便决定不让自己的孙子到屋外活动。她精心挑选了海绵，制作成了软软的垫子，铺满家中的每一个房间，每天让孩子在这个安全的空间里活动。渐渐地，孩子在严密的保护下学会了行走。这时，这位奶奶认为他的孙子拥有了走路的本领，于是放心地把孙子带到外面活动，没想到，孩子一不小心倒在柏油路上后，竟然不知如何站起，摔了个鼻青脸肿。

心动的条件就是体验。人为控制的空间只能实现单一的目标，内心得到的感觉也只能是单一的。很多时候，人的智慧来源就是随时捕捉和记录不同的感受，是在真实的实践中产生的。只有通过真实的感觉体验与对比才能激发思考的能力。生硬地给予只能体现给予者的人生领悟，却严重阻碍了成长者自然发展的机会。

第二节　心智能力的显现

心理绘画中心智的存在

我在一篇文章中看到：1908 年，在瑞士进行过借助图画分析来诊断人的智力发展状况的研究。结果发现，在那些画得不错的孩子当中，高智商的比例明显超出低智商的比例。1926 年 Goodenough 发布著名的测试 DAM（Draw-A-Man），这个智力测试是通过让儿童画一幅人物肖像画结合 IQ（Intelligence Quotient）系数来完成。所画人物的类别越清晰、细节的元素越丰富，IQ 得分就越高。尽管 DAM 测试曾遭遇很多研究学者的反对，学者认为其忽略了更多重要部分的衡量，但因其可操作性和实用的效果，这个方法得到迅速推广，成为流行至今的测量智商的一个重要工具。所以，在某种意义上说，绘画不但能反映智力的水平，还能促进心智的发展。

还有研究通过心理绘画投射出绘画者的性格和心理，从而运用图画进行人格测试。研究表明，人的潜意识部分可以通过其所画的形象浮现出来，大量的心理信息可以在绘画中产生，而透过图画绘画者的心理及精神状态能被人感受到。这种倾向在儿童身上尤为明显，儿童透过绘画展示他自己的真实情况，我们从中可以觉察儿童的成长和变化，感受他们的内心世界。

心理绘画还可以帮助绘画者有效释放内心的情绪与压力。一幅画里的图像可能承载着复杂的潜意识情况。借助图像的传递可以帮助绘画者把潜意识部分转化到意识层面，有效释放被压抑的想法和问题。因此，绘画是心智能力的有效反映途径。

心理绘画中的心智表现

经过大量的实践我们发现：当人处于低幼心智阶段时，最初的绘画就是在纸面上乱画。这是在收集手部在平面上运动时产生痕迹的感觉。此时，人可以把生活中见到的事物以简单的笔画呈现出来，并加以命名。尽管这个名称与那些笔画显现的形象并不统一，却已开始表现人的思考状态。因此，当一个心智能力还较低的幼儿指着所画的一些不规则的笔画告诉我们"这是蘑菇""这是大树"时，我们应该快乐地意识到，他已经开始有了思想。

通常情况下，人们会运用绘画来表达内在的自我，以此释放内心的情感，这也是与他人进行交流的一种方式。他们把自己所看到的事物进行个人的感情加工，体现自己的意识对周围世界的解读程度，将自己的喜、怒、哀、乐投放到所画的形象中，这些富有强烈个人风格的心理绘画充分地反映出他们的心智发展状况。

例如，当事物转化为表象进入人的大脑后再复现出来时，即使是同一事物在不同人的大脑里出现的表象大体相同，但特征却截然不同。又如，当学习者在同一时间内观察完同一个苹果后，再让学习者描绘或描述这个苹果的表象时，浮现在学习者头脑中的苹果的样子却是千差万别的。有的画出的是一个人得像太阳一样的红苹果；有的是小得像乒乓球一样的青苹果；还有的是带着一个虫子洞的发黄的苹果……这些现象都表明：尽管学习者看到的东西是完全一致的，但是，由于人的心智不同，头脑中出现的表象也会完全不相同。因此我们认为，借助绘画可以判断出人的心智状态，进而进行有效指导与调节。

心智的渐进发展

在美国，我接触到一些3～6岁的孩子，由于他们的语言表达能力尚在发展中，所以，绘画、泥塑、拼摆图形……成了他们的内心"语言"。在最初接触他们时，孩子的家长反映他们做事的持续时间只有15分钟左右，在家里时常发脾气。其中，Kaylan的老师反映这个孩子心智成熟较晚，不太懂得与人交流，为了保护她，所以迟迟不同意让她升班学习。但是，经过2～3个月的心智能力训练后，这些孩子均已发生变化，特别是Kaylan不仅升班学习了，她的逻辑能力与理解力均超过了一部分同龄人。经过训练的孩子主动做事的时间可以延长至1个小时左右，开始喜欢与人交流自己的想法，能够与周围的孩子友好相处。

下面是参加学习的几个孩子在训练过程中，用塑料圆片摆出的图案记录：

Kaylan

Olivia

Annali

Emily

Kevin

　　由上面的记录可以看出，每一个孩子的能力形成是渐进的、逐步变化并悄然提升的。最初孩子们摆放的图形都是很简单的，或者根本看不出来摆的是什么。在我们不断询问"这是什么呀？"时，孩子就在进行自我检查，他们会主动解释，同时会出现边说明边挪动圆片，使图形趋于形象化，方便别人看懂的现象。当孩子们的自我调整得到理解后，他们表现出的喜悦是真诚而激动的。

这样，随着能力训练的加强，孩子们通过摆放图形表示出他们的心智能力在不断提高。为了更清楚地反映自己的思想，让别人可以看懂，孩子们在内心不断地总结着经验，逐步调整自己摆放图形的表达方式，最终通过意思明确的图形与我们进行交流。在这个过程中，我们也惊奇地发现孩子们的语言表达能力也在同步提高，因为图形最终不能完全表达出孩子们的思维，所以，孩子们逐渐选用了运用语言与人进行更深入地沟通。

第三节　心智能力的体验

由于心智的体验是自我的独特体验，先是感觉的积累，随后是个人的思考。这个内心体验过程是很难向别人表达得很准确、很清楚的。面对同样的问题，不同的人他们的体验也不会相同，因为这是由个人的经历与认知所决定的。心智活动对人的内部、外部产生的影响都是具有个性化的，我们很难从外部行为作出客观的判断，需要引导人自身进行自我认识的过程。我们所能做的，就是按照人的发展需要，帮助学习者进行多种心智体验，形成自我发现、自我心灵完善、自我精神超越的能力，学会自我的心理实验和心理研究的方法，更好地促进自我发展。

感觉的积累

内心的感受需要更多的生活体验。比如，想知道什么是"甜"的味道，只有一个办法最实际，那就是亲口去品尝。感觉的积累只能以实践的方式去完成，感觉丰富了，人的思想才能活跃起来。

🍀 **案例一**

一位妈妈认为，自己每天都要辛苦劳作，忙忙碌碌，所以格外珍惜休闲时光，渴望获得自由自在的生活方式。所以她很享受休假时赖在床上的感觉，留恋随意在床上吃零食的情景。于是，她允许自己5岁的儿子每天这样懒散在床，想吃就吃，想喝就喝。直至儿子该上学的时候才发现他不能与大家同步学习，同步做事，更不愿意服从学校的规章制度，不愿意思考问题。但是残酷的现实又不允许孩子什么都可以不学，结果孩子变得越发焦虑，脾气越发暴躁。

案例二

一个出生在富裕家庭的孩子，每天有两个保姆来照顾他的起居和生活。这个孩子几乎不用下地，不用自己动手就可以得到基本的生活需要。真可谓从小到大无拘无束，衣来伸手，饭来张口。但是，他却满口喊着"没有意思，我不希望再过这种无所事事的生活了"。因此，他热衷于到街边一位修车的老人那里去帮忙，寻找体验辛劳的机会，以此获得自身的满足感。

其实，每个人的心智成长都是独特的，特别是儿童的心智与成年人并不相同，也就意味着他们对待事情的感受及想法也会与成年人完全不同。成年人为了生存而工作，因为自己可以支配的时间短暂所以才会渴望自由自在的休闲时光；因为感受过劳作的辛苦，才期待着得到休闲的快乐；因为感受过被事情缠身的烦恼，才会珍惜轻松的喜悦。

由此看来，只吃过糖的人一定会知道甜的感觉，但并不知道苦的滋味；只尝试过苦味道的人也一定懂得苦的感受，但并不懂得甜的美好。只有两种味道都品味过的人才能够产生真实而强烈的比较，确定自己需要的到底是什么。因此，生活无数次地告诉我们：不是得到了就能懂得珍惜，而是只有失去过才会理解珍惜的价值。

意识的建立

上面内容提到过，情绪是思想的能量，所以心是心智的发电机。情绪源于内心的感受。丰富的感觉体验才可以帮助人更好地平衡自己，既不会大喜，也不会大悲，既可以接受荣耀带来的欢乐，也可以承受失败与挫折带来的压力。

我们发现，人在产生感觉之后开始形成一种意识。比如，人尝到一块糖感觉甜的味道，就可以意识到糖是具有甜的味道的，之后再见到糖就会自然地想到甜的滋味，渐渐形成潜意识。因此，意识被认为是人们对事物的初期认识，在长期的学习锻炼中所获得的一种对事物的价值观与评价；潜意识则被认为是在长期的生活中大脑自然产生的结论，会形成一种精神上的条件反射，一种值得自己相信的经验的激发。

 案例一

美国斯坦福大学著名发展心理学家卡罗尔·德韦克在过去 10 年里，一直与她的团队研究夸奖对孩子的影响。他们对纽约 20 所学校 400 名五年级学生做了长期研究，其结果令学术界震惊。

在实验中，他们让孩子们独立完成一系列智力拼图任务。

首先，研究人员每次只从教室里叫出一个孩子，进行第一轮智商测试。测试题目是非常简单的智力拼图，几乎所有孩子都能相当出色地完成任务。每个孩子完成测试后，研究人员会把分数告诉他，并附一句鼓励或表扬的话。研究人员随机地把孩子们分成两组，一组孩子得到的是一句关于智商的夸奖，即表扬，比如，"你在拼图方面很有天分，你很聪明"。另外一组孩子得到是一句关于努力的夸奖，即鼓励，比如，"你刚才一定非常努力，所以表现得很出色"。

随后，孩子们参加第二轮拼图测试，有两种不同难度的测试可选，他们可以自由选择参加哪一种测试。一种较难，但会在测试过程中学到新知识。另一种是和上一轮类似的简单测试。结果发现，那些在第一轮中被夸奖努力的孩子中，有90%选择了难度较大的任务；而那些被表扬聪明的孩子，则大部分选择了简单的任务。由此可见，自以为聪明的孩子，不喜欢面对挑战。

接下来又进行了第三轮测试。这一次，所有孩子参加同一种测试，没有选择。这次测试很难，是初一水平的考题。可想而知，孩子们都失败了。先前得到不同夸奖的孩子们，对失败产生了差异巨大的反应。那些先前被夸奖努力的孩子，认为失败是因为他们不够努力。德韦克回忆道，这些孩子在测试中非常投入，并努力用各种方法来解决难题，好几个孩子都告诉我："这是我最喜欢的测验。"而那些被表扬聪明的孩子认为，失败是因为他们不够聪明。他们在测试中一直很紧张，抓耳挠腮，做不出题就觉得沮丧。

第三轮测试中，德韦克团队故意让孩子们遭受挫折。接下来，他们给孩子们做了第四轮测试，这次的题目和第一轮一样简单。那些被夸奖努力的孩子，在这次测试中的分数比第一次提高了30%左右。而那些被夸奖聪明的孩子，这次的得分和第一次相比，却退步了大约20%。

德韦克一直怀疑，表扬对孩子不一定有好作用，但这个实验的结果，还是大大出乎她的意料。她解释说，鼓励，即夸奖孩子努力用功，会给孩子一个可以自己掌控的感觉，孩子会认为成功与否掌握在他们自己手中；反之，表扬，即夸奖孩子聪明，就等于告诉他们成功不在自己的掌握之中，这样当他们面对失败时往往束手无策。

在后面对孩子们的追踪访谈中，德韦克发现，那些认为天赋是成功关键的孩子，不自觉地看轻努力的重要性。这些孩子会这样推理：我很聪明，所以，我不用那么用功。他们甚至认为，努力很愚蠢，等于向大家承认自己不够聪明。

德韦克的实验重复了很多次。她发现，无论孩子有怎样的家庭背景，都受不了被夸奖聪明后遭受挫折的失败感，男孩女孩都一样，成绩好的女孩遭受的打击程度最大，甚至学龄前儿童也一样，这样的表扬都会害了他们。

🍀 案例二

8岁的小小自幼体质较弱，时常感冒发烧，因此备受父母的宠爱，特别是母亲的呵护。入学前就习惯于衣来伸手、饭来张口的生活方式。由于独立做事的能力较弱，所以学习能力很差，为此在上学期间常常受到老师的责备和同学的嘲笑。小小时常感到一定的压力，自信心受到打击，造成心理矛盾，遇到问题拿不定主意，作业拖拉，总有畏难情绪。尤其在考试前总是假装生病逃避参加考试。小小曾对我说："老师，你不要在我这儿浪费时间啦，妈妈说我是个小傻瓜呦。""同学们都嘲笑我很笨，不聪明。""我不想学习，学习太难，我怕考试。"

于是我决定首先通过眼神、手势指挥他做事，如关门、擦桌子等。这个过程主要训练他与人进行心灵互动和大脑的快速反应能力。每当他完成一次训练任务后，我都会大声地告诉他："你真聪明啊！"

经过一段时间的训练，小小开始学会有意观察周围的事物了。记得一次一个同学忘记把板擦放在哪里了，小小跳到他眼前说："你刚才进门时随手放在讲台上了。"这在很多人眼中可以说是一件极小的事情，但对小小来说可是翻天覆地的变化呀！证明他有了做事的主动性。为此，我又大力表扬了他，他也由此干劲更足了，连眼睛都显得比以前亮了许多。

于是，我借助每天早操时间训练他的律动和肢体协调能力，以进一步增强他的肢体感觉体验。要知道这一环节对于小小来说难度很大，他需要克服很强的心理障碍。开始时他不肯做，生怕周围人嘲笑他。我便让他站在队伍后面做，让他做我的教练，他默认了。起初他只是站着用眼睛学，后来开始试着伸伸胳膊踢踢腿。在这个过程中我一直坚持向他学习，他干什么我就干什么。终于有一天他着急了，开始随着节拍跳起来，边跳边用语言指挥我。虽然我们俩姿态很不协调，但我知道这是小小的又一次跨越。因为这些外显行为最能让他感受到自己的进步，所以表扬他也会得到他的真心认同。

一个月后，当他的肢体反应基本与大家同步时，我知道，他的信心也因此增强了许多。为此我便开始指导他独立识字、完成作业。对于一个自上学以来完全依靠妈妈手把手写作业的他来说，迈出独立学习的一步的确是艰难的。开始他执意不肯写，在我的坚持下他只好试着动笔了。当他第一次独立写完生字时，脸上顿时洋溢着喜悦，并催促着让我欣赏他的作品。就这样，时间一天天逝去，小小渐渐地能够独立完成所有的作业了，最令人激动的是在一次百词检测中，共有177个字，他仅写错了14个字。在综合练习检测中，如果按百分计算，他得到了87.5分的成绩，已经进入到良好成绩的范围了。更可喜的是他已经能够独自在课堂上和大家一起完成写作了。后来，据他妈妈讲，他的一篇独立完成的习作还在一次校外举行的市级作文竞赛中获得了三等奖的好成绩。同时，他的妈妈反映说："以前考试前他总想装病逃避，而今他总劝慰妈妈：不要紧，要相信我一定能考好的！"

昔日的小小写出的字被称为"仿甲骨文"，令人分辨不出笔画，而今他写出的字不仅笔画逐渐清晰了，正确率也在不断提高。小小的眼神中充满了自信，小腰杆也总是挺得直直的。若再有人像以前那样招惹他，虽然还会听到那熟悉的口音，但是内容却是："告诉你呦，你不要以为我是傻瓜呦，我的头脑很聪明的！"

结合上述两个案例，我们不难看出：意识的建立会强化一个人对自己的认识与评价，进而产生相应的思维与行动，最终影响着人的发展方向，影响着人自信心的建立。

如果意识到解决难度加大的谜题会带来风险，孩子可能担心会失去"聪明"的光环，剥夺了孩子不计结果、只为解题的自主选择乐趣，于是选择逃避参与解题，那么"聪明"就成了降低孩子自信心的危害。但是，如果像小小那样，意识到自己具有"聪明"的头脑，就会积极地、非常愿意尝试完成与别人相同的任务，借此机会体验被认可的感觉，那么"聪明"就可以促使他的转变，得到他盼望已久的自尊感。

简单地说，意识是心智的旁观者和体验者，是我们对外部世界和自己的思想、感觉、知觉、记忆、想象的观察和体验。如果我们不能开发我们的意识，就会受到潜意识的控制。

意识是潜意识的制造者：你对什么东西意识多了，就会渐渐地转化成为潜意识。如果你每天早上都要刷牙洗脸，那么刷牙洗脸就成了潜意识动作。当意识被关闭，比如，人睡着了，或者因事故昏厥过去，或者手术中被麻醉了，人就进入了无意识（unconsciousness）状态。睡着了你仍然在做梦，这时潜意识取代了意识成为心智的主人。

培养清晰的意识，培养自我观察的习惯来唤起自我觉知（self-awareness），识破潜意识的操纵和控制，从而改造我们的潜意识和习惯，摆脱无意识的负面行为，是心智成长的最有效方法。这就是为什么心智成长也常常被称为"意识开发"。

因此，不同的意识建立可以带给人们不同的心智体验。

心智的模式

对一个人的心智作出判断并不是一件很容易的事情。首先，每个人都有自己的心智模式。其次，每个人的发展都是遵循着自己心智的发展规律，因此才会具有自己的个性。但是，如果仅仅按照个人的心智模式看待和分析别人的心智状态就会产生一些差异。

 案例一

2009年9月10日下午，一位六年级的班主任找到我，告诉我：在一次集体活动中，班上的一位同学小宇向另一位同学小黄借用手机，用完放回了小黄同学的书包中，但是，当小黄同学打开自己的书包拿手机时，却没有找到。于是，惊动了其他学生。在大家共同的寻找下，最终在小宇书包中的雨衣夹缝中发现了手机。小宇对此结果很伤心，认为有人故意陷害他。班主任经过几次调查都没能得出结论，认为小宇平时是个很诚实的孩子，学习成绩又很优秀，不太可能做这件事，但是因为小黄的家长多次询问此事该如何处理，所以他在情急之下找我来帮忙。

于是，我便展开了调查工作。经过与小宇和小黄以及知情的两名同学的交谈，基本摸清了事情的来龙去脉，在考究一些细节之后，我决定与小宇做一次郑重的谈话。

我问她："小宇，我知道你在班中及老师的心目中一直是个优秀的学生。你也一直很在意自己的形象。但无论是谁，在成长的过程中总会不知不觉地犯一些错误。其实这也很正常，只要敢于承认就可以了。"他听后平静地说："我不太懂您的意思。"当我面对着他闪动的大眼睛和一张看似平静的脸说："你很清楚事情的全过程。你知道手机是怎样进到你的雨衣里的，这个过程你是最明白的。"他先是愣了一下，而后问道："后果会怎样？"我明白，他很顾及自己的形象，长期的备受关注与赞扬使得他不愿正视自己的问题。为了帮助他逐渐树立面对问题的勇气，我告诉他："后果就是以后不要再做这样的事。""那你怎么向全班同学说？"这时，他的眼泪簌簌地流下来，但依然很平静地望着我。"我可以帮助你保守这个秘密，但必须告诉大家做这件事的人已经找到了，而且真的承认了错误，决心以后不会再发生。"他听后用手背擦擦泪水，低下眼皮说道："是我干的。因为小黄近来和我不太友好，别人都觉得我很优秀，只有他不愿意和我一起做事。他以前还随便拿过我的东西用，我想用这个办法让他知道找不到东西后着急的滋味，让自己的心里舒服些。"

说服了小宇之后，我与班主任商议进班澄清了这件事。我告诉大家："做这件事的同学已经承认了错误。但是碍于面子不想让同学知道他是谁。你们都是成长中的孩子，难免会出错的。今天我们给这个同学一次自我改正的机会，不要追问他是谁了，因为他现在已经开始改正了，相信这次经历会让他有所感悟的！"在说这番话时，我看到小宇一直在默默流泪，他慢慢地抬起头望向我。透过泪水，我看到他眼中闪过一丝光亮，我不敢确定这表明什么，但我肯定，这次经历会帮助他重新认识自己，多一些人生的体验。

这个案例让我们更加清醒地认识到：人的先期意识会促使人产生相应的行为，在成长中总会出现这样或那样的问题。问题的出现与解决方法都源于人的心智能力的发展情况。

案例中的小宇由于长期的习惯已经形成了接受赞扬与赏识的心智模式，对于稍有不同的态度就难以面对。即便自己出现了问题也会被原有的思维模式影响，所以他选择极力维护自己的形象。但是，这次经历一定会改变他原有的心智模式，至少他可以告诉自己，自己也是可能犯错误的，成绩的取得只是自己生活的一部分。

这样，我们就可以明确案例中的班主任的心智模式了，即成绩优秀的学生就是好学生，这样的好学生，在这样的心智模式的教师的眼中，是不会或者被认为不应该犯这样的错误的。以这种心智模式面对所有的学生，自然就会以成绩作为评价学生的标准了。

🍀 案例二

一个家境贫困的女孩儿从小喜欢绘画，梦想着有一天能够走进一所艺术学校。终于，她如愿地考取了一所艺术学校，但是，这所学校需要她缴纳1万元学费。为了这1万元她的妈妈好久没有睡上一个完整的觉。终于有一天，妈妈把一叠大小不一的纸币像小山似的堆在了女儿的面前，说："数数，整整1万元人民币。"这位妈妈不很老，却有了白发。女孩儿流泪了，她在心里暗暗发誓，一定要加倍回报妈妈的爱。

一天早上，趁着妈妈还没醒来，女孩儿轻轻地把一个包装很精致的工艺品盒放在妈妈的身边。那是女孩儿送给妈妈的生日礼物——一座精美的母女雕像，在这个女孩儿的眼中仿佛那就是她与母亲的化身。

放学归来的路上，女孩儿一脸的阳光灿烂，思绪里不断勾勒着母亲看见她送的礼物时欣喜、激动的样子。要知道，这件小小的礼物是她靠缩减自己的餐费才换来的。但是，出乎女孩意料的是，当她推开房门时却看见母亲眼角挂着泪痕，脸上现出难以掩饰的失望与愠怒。母亲见她回来，转身从里屋捧出那个包装精致的盒子，说道："你怎么学会乱花钱啦？看看你买的是什么玩意儿？""妈，这是一座母女雕像，是送给您的生日礼物。""就算是你有这份孝心，可买这能顶什么用啊。去，跟人家好好说说，退了吧。要不就换成袜子或手套都行。"女孩儿愣住了，两行泪水从脸上流落下来。（来源于一篇学生阅读材料）

谁都不能否认，案例中的女孩儿和她的妈妈彼此之间都在用心地爱护着对方。但是因为她们的心智模式不同，所以不能很好地理解对方。女孩儿从小对艺术充满渴望，她把内心的感受与艺术融合为一体，以艺术的形式表达着自己的情感。而她的妈妈已经在节俭的生活中形成自己的心智模式，对艺术没有丝毫的认识。在这位孩子的妈妈看来，生活中的必需品才是最重要的，所以很难接受这样的礼物。虽为母女但是由于彼此的心智模式不同，即使真挚的情感也不会打动对方，反而产生了分歧。

其实，生活中这样的案例比比皆是，所以经常有人说"好心得不到好报"。就是因为每个人都有独立的心智模式，如果希望走进对方，就必须了解不同人不同的心智模式，在交往过程中不断地打破与重新改善自己原有的心智模式。

心智与行为

结合前面的内容我们可以得出这样的结论：只有不断地改善、更新自身的心智模式才能做出相应的、有效的判断。

生活实践让我们相信，每个人都具有独立的心智模式。心智模式的存在决定了我们观察事物的视角和对事物做出相关结论。心智模式是指导我们思考和行为的方式；心智模式让我们将自己的推论视为事实，并引导着我们按照自己的心智模式进行认识与判断。

每一种心智模式都趋向于个性化，因此往往都是不完整的，尤其是在与人交往时会显现出很大的局限性。心智模式是会影响我们的行为的结果的，并不断强化着我们的认识。同时，心智模式往往会有很长的持续性，如果自己不去有意打破将会无限延续。

心智的自我认识

"一千个读者就有一千个哈姆雷特"，这句很多人已经熟知的话清楚地反映了人们即使同一时刻欣赏同样的文学作品，但由于每个人都依循着自己的心智模式就会对同一个人物进行不同的评价。因此，在生活中我们也会时常遇到"公说公有理，婆说婆有理"的情况。

心智模式的差异主要来源于人自身不同的成长经历。人们在成长过程中经历的事情总会在头脑里形成印象，积累不同的感觉，产生出不同的意识，再加上一个人的生活环境相对稳定，所以形成的心智模式就会比较固定。当遇到新的事情时，人们很容易按照以往的经验去假设、判断，这个过程就是心智模式的充分体现。

心智模式的关键问题是难以被发现，尤其是很难被自己发现。人们习惯于沿着自己的模式看待问题，所以总会自我感觉良好，没有意识到自己的心智模式可能存在欠缺之处。而实际上，"人无完人"，每个人多多少少总会存在一些欠缺之处。

要想更好地认识自己的心智模式，比较有效的办法就是时常关注自己的情绪。因为情绪的产生来源于内心的需求。

 案例一

下面是四位教师在面对出现的问题所采取的解决问题的方法。

第一位教师发现自己班中的一个孩子问题比较严重，用尽了各种方法还是没能解决这个孩子问题。当身边的同事提出可以找别的教师来帮忙时，这位教师的内心非常矛盾，她既想得到别人的指点与帮助，又担心领导认为她的能力不足，反而会借机抬高了别人的威信。因此，这位教师最终选择了自己忍耐，尽量满足这个学生的一些要求，以维持的心态面对存在的问题。

第二位教师也遇到这样的情况，知道自己的方法不适用于面前的学生，于是向身边的教师进行咨询，但是提出的要求是：请把你的方法给我，我自己就可以解决了。但是，当他得到这个大致的方法去操作时，却发现依然不能解决问题，因为许多方法的执行关键在于细节的处理。

第三位教师在面对这样的情况时立即把问题转交给相关部门处理，自己不再参与，希望完全依靠他人的能力解决眼前的问题。

第四位教师在发现自己不能很好解决问题时，积极向有经验的相关人员寻求帮助，但是自己全程参与，不断寻找自己操作过程中出现的问题，积累新的认识，以便今后运用。

虽然前两位教师面对同样的问题采取的方式有所差异，但实际上他们的心智模式是大同小异的。因为他们的内心需求都是维护自己的形象。第一位教师宁愿忍受这个学生的问题存在，能自己遮掩的就先忍下来；第二位教师明白如果眼前的问题不及时解决，后面需要面对的麻烦会更大，所以必须求助他人。但是为了不表示自己没有办法，就采用直接移植的方法，但是忽略了操作的细节。

第三位教师解决问题的方法是将问题与责任转交给他人，自己不再参与，这样也许可以解决学生的问题，但是对自身解决问题的能力没有更多的帮助，今后遇到类似的事情依旧没有更好的办法。

第四位教师采取的办法既可以及时帮助孩子解决，又可以从中积累个人的认识与经验，提高自身的教育能力。这位教师的核心目的是寻求解决问题的方法。

 案例二

一天，一个孩子因为上课迟到而不愿走进教室。当老师询问孩子不进教室的原因时，孩子的妈妈回答说："我很理解孩子。因为他和我一样，是一个追求完美的人。当一件事没能按照计划执行，我的心里就会产生不悦的情绪，而且很痛苦。这个孩子很像我，但是因为我是成年人，可以区分事情的轻重，经过努力还是能够压抑自己的情绪，硬着头皮继续做。但是，我知道孩子不能抑制自己，所以他很难过。迟到是他意料之外的事情，因此他不愿意把事情进行下去。"

还有一个孩子上课也迟到了。他急匆匆地走进教室，拿起课本快速地投入课堂氛围。下课时，他追着老师询问前面讲了些什么，希望老师能单独给他补上。当老师把这个情况与孩子的妈妈交流时，他的妈妈说："这个孩子追求完美，什么都不愿意放弃，总是要想办法把落下的内容补回来。"

两位妈妈都说自己的孩子是追求完美的，但是对完美的行为解读各有不同。我们先不去评价哪一种解决问题的方式更好，而是来分析一下她们的心智定位。第一个案例中的妈妈的心智定位在计划的执行环节上，一旦计划有变就会打破自己原有的期待，从而产生情绪；第二个案例中的妈妈把心智定位在完成事情的过程上，所以更关注参与的过程与获得的结论。

心智的自我超越
心智模式在不同的个体、人群、团体及组织中有不同的特点。就老师和家长来说，每个人都具有不同的心智模式，由于个人的文化基础、认知水平、个性心理及社会经历不同，因此各自具有复杂的特性。但是，不同的心智模式也存在着共同的方面。例如，教师团体或者某个家长群体的心智模式，在一定的社会条件和文化背景下，就会具有相对的一致性——都尽力为孩子的成长而努力。

但是在实际生活中，有很多时候教师或者家长在面对孩子时，经常会把个人对现实生活的看法与体验和孩子的成长混同在一起，因此就会出现一些个体的不良心智模式。比如：我说的话是为孩子好，孩子就应该听；这事有风险，最好不让孩子参与，以免出危险，安全最重要；虽然孩子的创造力培养很重要，但是分数是目前评价的重要标准，还是先抓住分数最关键；如果鼓励了各抒己见，教学任务完不成，成绩上不去进不了好学校就白干了……

更多的时候，大多数人会受到自己已有的心智模式的制约，如果想达到心智的自我超越，最主要的就是先要了解自己的心智状态，敢于面对，并且发自内心地承认，然后知道自己的问题是什么，之后需要大胆尝试新的事物，不断拓展自己的认识空间，这样就能实现自我超越。

 案例一

有很多学生总是担心自己的观点会出错，所以在上课的时候不愿意举手发表自己的意见，久而久之便会失去很多锻炼表达的机会，渐渐地反而越发不会表达了。

实际上造成这个原因是因为学生把注意力集中在表达的结果上，而非表达的内容上。要想突破原有的状态需要帮助学生了解需要表达的内容上。比如，可以在最初的时候引导学生把想到的，哪怕是一个词说出来，而且明确地告诉孩子答案没有对与错，只要有想法就好。当孩子开口表达时要给予肯定式的鼓励，鼓励放在赞扬孩子有勇气开口说话方面，而不要评价其表达的内容上，然后逐渐引导到讨论对内容的看法上。久而久之，孩子的注意力转移了，自然就有了心智上的突破，超越了自我意识。

案例二

我在美国遇到有这样一位家长，她从小就很要强，各方面非常努力，所以学习成绩优异。她非常希望自己的女儿也如同她一样努力，甚至超过她现在的成绩，所以每天坚持陪着孩子学习，不仅给孩子布置了大量的学习任务，而且在孩子业余的时间里安排了各式各样的学习活动，如：游泳、体操、奥数、写作等。但是，这个孩子无论哪一项学习效果都不是很理想。

看到周围孩子的出色表现，这位家长更加焦虑，但越是着急越坚持自己原有的做法，这个孩子的发展也就离家长的要求越来越远。

其实，孩子表现出来的问题恰恰是家长的问题。这位家长把自己认为好的都拿来端给孩子，看似为了孩子好，但实际上是在把个人意识强加给了这个孩子。这个孩子到底喜欢什么、不喜欢什么家长并不知道。因此，这个孩子一直在很被动的状态下进行各种内容的学习，但实际在不断强化培养着一种盲目而不情愿的学习状态，时间一长就会在不知不觉中形成一种习惯。我们必须明确，无论是好习惯还是坏习惯都是在日常的生活中不断重复而形成的，只有打破原来一直坚持的意识才能取得实质性的突破，才能达到超越自我的效果。

通过上述内容介绍及一些案例的阐述，我们对心智有了一个大体的认识。应该说，每个人都具有独特的心智模式。不同的心智模式决定了我们观察事物的视角和做出的相关结论，它指导着人们思考和行为的方式。通常情况下，个体的心智模式让人们将自己的推论视为事实，影响着人们的行为结果，并不断强化，这种心智模式产生的结果往往会比事实本身更加长久。然而，心智模式往往是不完整的，因此需要我们"吾日三省吾身"，这其实就是在检查自己的心智模式是否有利于个人更好地发展、更好地生活。当我们能够比较好地不断检索自己的心智、不断更新健全自己的心智模式时，我们的心智能力就是强大的、有价值的。

第二章
信息与心智能力

当今世界正在步入互联网时代，进入一个飞速发展的信息时代，这个时代让我们越发意识到：互联网之所以可以称为一个时代，并不是因为它创造了更多的信息，而是因为它改变了信息和人的二元关系，让人成为信息的一部分。互联网的发展让信息变得更加透明化，促使人的发展更具有自主选择权。这也意味着学习者的个体成长发展与成长需要得到更准确地引导与帮助。在这个过程中，信息则是辅助一个人心智成长的必需条件，如何发现、收集、储存、提取与恰当地处理信息是促进一个人能力发展的关键。在此过程中，左右脑的共同开发与合理协调运用更是促使人准确处理信息、能够健康成长的必要保障。也是在此过程中，心智模式不断地接收新信息的刺激，这种刺激的过程可分为"强化"或"修正"。

第一节　认识信息加工理论

通过认真学习各种相关定义与不同专家的理论，并进行对比与分析，我们发现，人的成长过程都无一例外地与信息加工这一过程有着密切的联系。尤其是在当今飞速发展的信息时代，教育的责任似乎并不局限于给予学习者更多的信息。过去，许多教师习惯于给学生讲道理，那是因为受以前的条件制约，人们获得的信息量很少，教师的"一桶水"或"长流水"是知识渊博的象征，也是学生心中的渴望，是信息的最主要来源。也正因如此，人们的视野就会有一定的局限性，缺少灵活性。由于信息量的局限，个体的心智能力对人的发展所起到的作用并不明显，也没有得到真正的重视。

但在当今的信息时代中成长的孩子最不缺乏的就是信息，信息之多，是家长与教师自身的信息量难以取代的。因此，学生的思维角度就会不断增多。然而，也是由于信息量的不断增加，使得学习者不能有效分辨信息的价值，大量的信息积累也会直接或间接地影响人的理解与判断，造成人的浮躁与混乱。所以，我们认为，身处当今时代的学习者更加需要的是教育者详细了解其对信息的筛选与认识的情况，引导和培养其有效选择、使用信息的能力。这应该是信息时代的标志，也是教育在信息时代中应承担的重要责任。

既然信息加工成为人成长过程中的关键环节，那么，我们势必要认识人与信息的相互关系。

在计算机科学技术中，信息加工是对收集来的信息进行去伪存真、去粗取精、由表及里、由此及彼的加工过程。它是在原始信息的基础上，生产出价值含量高、方便用户利用的二次信息的活动过程，这一过程将使信息增值。只有在对信息进行适当处理的基础上，才能产生新的、用以指导决策的有效信息或知识。许多研究阐述的信息加工理论就是将人脑与计算机进行类比，用计算机处理信息的过程模拟并说明人类学习和人脑加工外界刺激的过程的理论。

认知心理学则致力于研究人的高级心理过程，如记忆、推理、信息加工、语言、问题解决、决策和创造性活动，用科学的创造方法探讨内部心理活动的规律。那么，根据认知心理学的观点，学习就是一个信息加工的过程。作为信息加工的结果，个体获得了知识并储存在记忆中。那么，知识是怎样进入人脑，人又怎样从记忆中检索或提取所需要的知识？这就是信息加工过程的问题。

为了便于理解和说明人脑内部的信息加工过程，心理学家根据大量的研究结果，提出了关于学习的信息加工过程的一些模型，如由加涅等人提出的信息加工模型，该模型代表着认知心理学家对信息加工过程的一般观点。

学习的信息加工模型包括三个主要成分：

一是信息储存库，这是一些资料库，用来保存信息，相当于用来储存信息的计算机磁盘。信息加工模型中的信息储存库包括感觉记忆、工作记忆和长时记忆。

二是认知加工过程，即将信息从一个储存库转换到另一个储存库的内部的智力活动，相当于计算机中用来发布指令、转换信息的各种程序。信息加工模型中的认知加工包括注意、知觉、复述、组织和检索等。

三是元认知（metacognition），是对认知过程的认知，包括个体拥有的有关认知过程的知识和对认知过程的控制。元认知控制并协调着将信息从一个储存库转移到另一个储存库的各种认知加工过程。

第二节　信息对心智的影响

许多时候，由于事情总是处在不断地变化中，信息的采集与信息数量的增多或减少都直接影响着人们心智的转变。

当判断同一个事物所得到的信息不同时，一定很难让人做出准确的判断，由此引发人们心智的变化。

我曾阅读过一篇文章，文章是关于全家人如何指导该文作者吃鸡蛋最有营养的问题，大致内容如下：

作者的爸爸妈妈告诉他，最新报道中指出鸡蛋的蛋黄是小鸡孵化的主要营养来源，富含各种蛋白质、矿物质、维生素等营养元素。所以从营养上讲，蛋黄的营养要比蛋白丰富得多，特别是卵磷脂等营养成分，对人体的健康大有益处，鸡蛋白不好消化，因此希望他主要吃蛋黄才对。

可是，没过两天，爷爷奶奶也拿来一篇报纸，上面刊载的文章指出鸡蛋的脂肪大部分都集中在蛋黄中，蛋黄的胆固醇含量很高，不利于人体健康。而蛋白则是身体不可缺少的蛋白质的良好来源，还是一种低热量食品。所以蛋白是比蛋黄的价值更好，因此还是要吃蛋白的。

全家人的建议都是科学的研究结果，都是正确的，反而使得作者不知道到底该按照哪一个结论去做更有益于健康。

如上所述，在越来越多的研究结论的碰撞中，我们越发感受到：人的生命似乎时时处在信息交织的矛盾之中。人们开始感到茫然，不知到底应该听从哪位权威的观点，也不知该如何相信所有有着研究依据的科学结论。

由此可以说明，互联网时代到来后，大量的信息充斥着人们的生活，越来越让人感觉到对信息的比较、判断、筛选，即对信息的加工能力的提升至关重要。培养在信息多样性的情况下有效整合信息，在探索信息背后价值的同时对信息进行重新组合，切换不同视角制定精确行动纲领的能力，以及进行精确、快速实施行动的能力将成为重要的教育任务。

感觉是信息加工的第一步

来自外界环境的大量的刺激信息首先进入人的感觉器官，因此，学习的信息加工过程是从感觉开始的。感觉记忆（sensory memory）是第一个信息储存库，它将来自环境中的刺激信息直接保留，直到它们受到注意并得到进一步的加工。

例如：当我们把下面的左图出示在学习者面前时，学习者的第一反应通常是不假思索地脱口说出"苹果"或者"Apple"，但是当我们给出一个不规则图形，即右图时，就会发现学习者不会马上给予反应，稍后会猜测地试说："好像……。"出现这种情况证明，当人对某个信息进行初步判断时，通常是借助已经熟悉的信息刺激，从感觉开始对信息进行相关的判断。可以说这是最简单的一种认识形式。但是，如果人们对信息不够熟悉，就会在头脑中进行相同或相近信息的搜索，进行反复对比、确认，这便是由感觉引发的信息加工的过程。

因此，我们便可以理解左图中的苹果作用于学习者的感觉器官时，通过视觉就能够辨认出来了，而对于右图的分辨是需要一个感觉信息的搜索过程的。同理，人们通过味觉、嗅觉、触觉等感觉器官都是能够认识到事物的各种属性的。

感觉虽然是一种极简单的心理过程，但是对于每个人来说，感觉是多元的，是对信息认识的第一环节，这些感觉在人们的生活实践中具有很强的重要性。因此，帮助学习者关注与不断积累、运用感觉，不仅有利于心智能力的发展，而且能帮助学习者发掘自身的潜力。

当一个人面对一些事物产生不同感觉时，我们便可以沿着这样的感觉寻找出形成感觉的真正原因，从而了解一个人的心智状态，有针对性地帮助其进行良好的疏导与调节。

例如，通过研究，我们更认同感觉是各种复杂的心理过程的基础，是人关于世界的一切知识的源泉，所以，我们在帮助学习者的过程中会随时关注他们的感觉状况，这样便可以清楚地发现学习者认识事物的现状。

比如，在研究过程中我们看到：当一个学习者快速看完一张图片后发现只能记住图片的部分内容时，我们会鼓励学习者借助感觉来帮助回忆，在大脑中尝试修改。我们发现，每一位学习者在收集图片信息后都会留下一些感觉，他们会依据感觉对自己的反应进行判断，最终凭借感觉将信息整理出来。

　　例如：一个小姑娘看到右面这张图片后，回忆图片内容时只记得第一排全部都是红苹果，第二排与第三排水果的位置模糊不清了。于是，我们鼓励小姑娘凭借最初看到图片的感觉尝试在大脑内摆放水果的位置，她按照自己的想法试着在大脑内排放第二排水果：第一次她认为第二排第一个、第二个、第四个是苹果，第三个是橘子，但是感觉这样的图片不舒服，与最初看到的图片感觉不够一致，于是依据感觉在脑内进行调整，最终凭借自己的感觉调整成功。依照同样的方法，第三排也是经过尝试成功回忆出来了。

　　由此我们可以判断出人的大脑是借助于感觉来反映外部世界的。那么，人们保留在感觉记忆中的信息以它在外部世界中的相同的形式存在，是一种"未被加工"的状态（Leahey and Harris，1993）。感觉记忆的容量几乎是无限的，但如果加工过程不立即开始，记忆痕迹将迅速消退。视觉信息在 1 秒之内、听觉信息在 2 秒之内就从感觉记忆中消失（J. Walker，1996）。因此，帮助学习者学习运用感觉进行信息加工整理是可以提高信息储存质量的。

　　因此，感觉记忆的存在对于信息加工是相当重要的。帮助学习者进行感觉记忆加工会使得信息能够保留足够的时间，以便转换到下一个储存库即工作记忆中去。

　　在研究过程中我们也发现：每天都吃苹果的孩子在看到苹果时却不能准确地认出来，但是通过品尝却可以准确找出苹果。经过调查得知：这些孩子从小到大没有亲自触摸过苹果，每次看到的苹果都是被成年人削好皮、切成块儿或者其他形状后的样子，所以只有味觉可以辨析，视觉辨析就产生了问题。由此案例我们便可以知道，很多时候人们的感觉的不同是因为信息的完整性或者差异性造成的结果。比如，同样的一个人，会得到一些人的喜爱，也会得到一些人的排斥。这取决于这个人自身的状态与价值给对方的感觉是否可以满足其内心需要。

　　因此，依靠感觉得到的信息是比较原始的状态，所以，需要对感觉信息进行进一步的加工，使信息更加清楚、更具有价值。

　　例如：美国公益广告协会推出了"Love IIas No Labels"（爱没有标签）公益广告。这段 3 分钟的视频于情人节当天在美国加州的圣莫尼卡拍摄。画面里，聚集的人群站在一个巨大的 X 射线屏幕前，看两副骨架在亲吻、拥抱或跳舞，为这美好的爱相视一笑。而当主人公从屏幕后探身或缓缓走出，人们才体会到这一切的真正用意：他们有的是同性恋，有的是残疾人，有的来自不同种族，或不同宗教。这则广告只为告诉大家，爱没有界限，它跨越年龄、种族、性别和宗教。抹去所有的标签，骨子里我们都是一样深爱着的人。在"爱没有标签"的广告背后，美国公益广告协会希望人们认识隐性偏见的存在，并消除这样的偏见。

网站称：大多数美国人都认同，每个人应该得到尊敬及公平的对待。人们以为自己不带偏见，但无意中，我们还是会根据自己的双眼所见来草率下判断。这种潜意识上的偏见，深深影响着我们如何看待身边不同于自己的人。[①]

这则广告让我们意识到：如果我们可以在内心剥离掉许多外在的因素，就可以真正感受到事物的本质，享受事物本身带给人们的纯粹的意义。但是，如果仅仅是停留在事物表面，而没有对信息进行进一步的加工，就会产生许多表面化的判断，这种判断往往会让人们周旋于人际关系的怪圈中。

认知是信息加工的保障

大量信息的出现有时会使人们的意识混乱，反而影响了人们的判断，即便是"读万卷书，行万里路"也不能达到古人期待的效果。

"读万卷书"并不是单纯地指读书的数量，而是指要了解、内化更多书中的智慧，以便更好地运用于生活；"行万里路"更是指让自己的所学能在生活中得以体现，同时补充、增长更多见识，也就是做到理论结合实际，学以致用。

在接触到的人群中，我们发现有些学习者对事物的感觉并不敏锐，甚至没有感觉。比如：有的孩子跟随父母到过很多国家，走过很多名胜，但是并没有在这些行走过程中的信息里产生更多的感触。这是由于孩子没有过内心感觉的积累，也就是没有用心，或者说专注地参与过真实的体验过程。

在越来越多的教学实践中我们发现：许多孩子尽管并不缺乏信息的来源，但是却出现了许多功能障碍的现象。通过追踪与调查我们发现，究其原因，大多数这样的孩子是从小没有接受过有序的生活技能训练的，通常是在成年人的精细照顾与安排下成长的。他们大都没有明确的做事目标，需要有人命令式地推动；他们最为难的就是看着眼前的事情却不知如何下手，久而久之便会产生惧怕独立的感觉，自信心严重缺失。很多时候他们由于生活的体验与感受不足而表现出不知所措，反应似乎不够灵敏，表达也不够顺畅，甚至行动也会显得笨拙。因此，具有这些特点的孩子也经常被诊断为各种能力障碍，甚至是自闭症倾向。在我看来，其实这是很正常的表现形式，是这些孩子的认知能力使然。他们对信息的收

---

① http://www.jiemian.com/article/240936.html

集本身就是空白，更不用说对信息进行加工了，就如同你望着没有粮食的空碗还要吃饱一样滑稽。改变这些现象的最有效办法就是培养孩子的生活技能，帮助他们参与体验生活的过程，让生活常态起来，平凡起来。生活技能养成本身就是在进行潜能开发，以此唤起他们的认知意识。

当我们引导家长带领孩子学会独立穿衣、吃饭、收拾东西……我们就会发现这些孩子完全可以正常地思维，正常地做事，只是需要我们有一段时间的足够耐心与细心而已。

在研究中我们非常认同的观点是：丰富感觉体验的方法是需要建立在注意力的培养过程中。注意力与感觉相比较，更突出的是人对刺激的有意识关注，是将心理活动指向并集中到某些刺激上。因此，对感觉记忆中的信息的加工应该是从注意开始的。注意是外界信息进入人脑的门户，只有受到注意的信息才能得到人脑的进一步加工。因此，如何培养学生良好的注意力是保障和提高学习与做事质量的基础条件。具体培养注意力的方法我们将在后面的第四章"认知与心智能力"中进行详细阐述。

进入感觉记忆的信息，只有一部分受到注意，大部分信息因未受到注意而迅速消失。前面提到有些人虽然深处大量的信息环境中，但并没有有意识地特别关注某个信息，因此即使身在信息之中也不会有所感觉。有人对信息中的一部分内容特别注意后，这些信息便成为选择性知觉的对象，得到进一步的知觉加工，使信息获得意义并进入工作记忆。也正因此人们在作出判断、采取处事方法时会产生差异。

可见，选择性知觉是使受到注意的部分信息获得意义的过程。选择性知觉是信息能否从感觉记忆进入工作记忆的关键环节。学习者的注意状态、动机状态、先前经验和期望都会影响其对信息的选择性知觉。

认知信息加工理论认为，学习实质上是由习得和使用信息构成的。它们的一个基本假设是：行为是由有机体内部的信息流程决定的。这种信息流只是一种猜想，是永远不可能直接观察到的。

信息加工心理学家认为信息加工的方法适合儿童心理的研究。因为信息加工理论强调问题的解决，问题解决是儿童每天都遇到的事，很多事对成年人来说是简单的，而对儿童来说则是新的、富有挑战性的，因此对儿童心理研究特别适合。

信息加工心理学的发展理论指出：

1）思维是一个信息加工过程，研究重点放在儿童在整个发展过程中怎样再现信息和加工信息，以达到最终发展的目标。特别是怎样保持这些信息，并在适当的时候转化和综合运用它们。

2）加强变化机制的精确分析，探讨所有心理发展的机制是如何综合在一起来促进儿童的心理发展的，并且研究儿童在某个年龄段达到某种水平而没有达到更高水平的原因。

3）变化是连续不断的自我调整（self-modification）的过程，强调探究儿童如何调整自己改变行为方式，适应未来生活，并取得一定的成果。

4）目标分析（task analyses）是理解儿童思维的关键，人们的表征和信息加工在很大程度上是致力于努力实现的目标。就像蚂蚁营造自己的巢穴一样，人类的思维的复杂性是环境复杂性的反映。因此，只有认真地分析特殊环境中的特殊的目标，才能正确理解认知活动。

诸多理论观点帮助我们发现：人认识事物和世界的关键在于自身的认知状况，认知能力与元认知能力的强弱直接影响着人认识事物的结果。而认知与元认知能力主要表现在人收集信息后如何对信息进行有效加工。

因此我们再次强调，当今信息时代中成长的孩子最不缺乏的就是信息，信息量的增多就会促使思维的角度增多。由此，对信息进行加工的过程便成为认知能力形成的关键。如何对信息进行筛选与认识，并且有效使用信息于自身也是形成人的认知习惯和思维习惯的重点。因此，笔者认为，关注并重视培养学生的认知能力与元认知能力培养是学生成长的必要环节，这也应该是教育的主要职责。

第三节　认识大脑的功能

依据下面的图片我们可以看到：人的脑分为左、右两个半球，右半球就是"右脑"，左半球就是"左脑"。而左右脑平分了脑部的所有构造。左脑与右脑形状相同，功能却大不一样。左脑管理语言，也就是用语言来处理信息，把进入脑内看到、听到、触到、嗅到及品尝到的信息转换成语言来传达，这个过程相当费时。左脑是理性分析判断脑，主要控制着知识、判断、思考、推理等，和显意识有密切的关系。

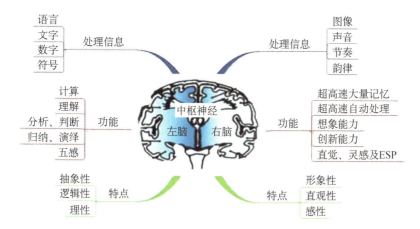

一些研究认为，如果让情商、联想、未知、感觉的右脑大量记忆，右脑会自动对这些信息加工处理，并衍生出创造性的信息。也就是说，右脑具有自主性，能够发挥独自的想象力、思考，把创意图像化，同时具有作为一个故事述说者的卓越功能。如果是左脑的话，无论是你如何地绞尽脑汁，都有它的极限。但是右脑的记忆力只要和思考力一结合，就能够和不靠语言的前语言性纯粹思考、图像思考相联结，而独创性的构想就会神奇般地被引发出来。

日本右脑开发专家七田真曾说过，左脑是一种"劣质记忆"，不管记住什么很快就忘记了，右脑的记忆则让人惊叹，它有"过目不忘"的本事。这两种记忆力简直就是1：100万，因此，左脑记忆实在没法和右脑记忆相比。

人的右脑具有直观性的整体把握能力、形象思维能力、独创性等，所以右脑的开发对于个人的成功而言是不可或缺的。而在现代社会，右脑开发的重要性显得尤为突出，是每个希望获得成功的人士所必须重视的。

美国神经生理学家罗杰·斯佩里（Roger Wolcott Sperry）的研究表明，左脑是普通脑，右脑是天才脑，天才与普通人的根本区别在于天才在有意无意中很好地开发和利用了右脑。

斯佩里将左右脑的功能归纳为：左脑，被称为"文字脑"，主要处理文字和数据等抽象信息，具有理解、分析、判断等抽象思维功能，有理性和逻辑性的特点，所以又称为"理性脑"；右脑，被称为"图像脑"，处理声音和图像等具体信息，具有想象、创意、灵感和超高速反应（超高速记忆和计算）等功能，有感性和直观的特点，所以又称"感性脑"。

斯佩里的研究结果让人们发现：几乎每个人在出生时都具有成为天才的先天条件，因为我们在3岁以前活跃的主要是右脑，然而在我们成长过程中对左脑使用得越来越多，而右脑却使用得越来越少，再加上左脑式的应试教育使右脑功能长期被压抑并逐渐进入沉睡状态，因而右脑所特有的想象力、创造力、超高速记忆能力和灵感等这些成为天才的能力就没有得到发展的机会。所以，学校应试教育培养的几乎都是使用左脑的普通人，要想培养真正的精英人才甚至天才，就要把拥有巨大潜能而又处于沉睡状态的右脑开发和利用起来！

根据斯佩里的理论，人的左脑主要负责分析性工作。左脑在处理信息时采取线性方式，即按照信息出现的先后顺序一个接一个地进行计算处理，类似我们今天常说的数字化。因此，信息出现的先后顺序和具体时间就显得格外重要。除此以外，人类独有的语言功能也位于左脑。所谓的学习能力，也就是我们在读书与职业培训时最需要的思维能力，也主要依赖左脑的正常运作。因为左脑相对于右脑来说比较关注细节，所以我们可以形象地说，左脑只能看到一棵一棵的树，却无法看见整片森林。

与之相反，右脑与时间顺序、线性或语言信息的处理都没有关系。在右脑中，最重要的是空间思维。一个人的想象力、创造力和形象思维能力都取决于其右脑的发达程度。如果说左脑主要处理数字信号，那么右脑负责的就是模拟信号。一件事物的全貌才是右脑关注的焦点，而不是任何具体的细节。换言之，右脑看到的是整片森林，而不是其中一棵一棵的树。[1]

最新科研成果告诉我们：人脑就像一个庞大的信息储存库，它那超级的信息处理系统是现代电脑等人工控制系统都无法比拟的。

根据生理学的研究，人脑是由约140亿个神经细胞组成的，而每一个神经细胞又相当于一台微型电子计算机。因此可以说，人脑就是一个超级的电子计算机组。有人比喻说：人脑的神经网络系统比北美洲的全部电话、电报通信网络还要复杂。有人计算过：人脑可储存1000万亿个信息单位，相当于5亿本书的知识总量。照这样计算，即使每秒钟输入10个新的信息，一生中不停地输入，大脑这个信息储存库中也还会有相当多的空余位置。

科学家们认为，人脑潜力之巨大是难以想象的，即使是世界上记忆力最强的人，也不过利用了10%而已，甚至有人认为仅仅利用了1%～2%。所以，无论是哪一个人都用不着担心出现记忆饱和的危险。

当我们把存储信息混乱无序地存入大脑中后，一旦想提取某些信息使用时却会发生困难，经常会说："我想不起来了！"那么，为什么会忘记呢？我们通常会

---

[1] 选自 http://www.jiyifa.com/younao/younaokaifa/188.html

推说自己记性不好，脑子混乱了，但事实上你的大脑和电脑一样，任何存入的信息都不会丢失。实践表明，经过训练，人是能够在一些恰当的引导下回忆起从出生直到现在所经历的任何事情。所以，正确的说法是：信息始终存在，只是很多人没有找到正确的提取线索，所以才会记不起来了。因此，有条理地储存信息能够帮助记忆。

平日里，我们在使用电脑时，如果把一个文件存入几个子目录下，或同时用几个文件名称存储，使用时会更方便。当然，这样做对电脑空间是一种浪费。但对人脑来说不需要有这种担心，人脑大约由 1000 亿个细胞连接而成，每个细胞都相当于一台电脑，所以它能够储存的信息几乎是无限的。这就是说人脑是世界上任何电脑都不能媲美的。但是，由于我们学习或经历过的事情常常只保留很少的线索，一旦这条线索受干扰就很容易想不起来了。因此，我们应该注意多角度保留信息线索，便于回忆、查找信息。

可见，信息线索要清晰多样才能有利于我们收集、存储、提取、使用信息，这便是我们对学生进行认知能力培养的前提保证。

在心智能力训练过程中，我们收集到一些家长的信息反馈，例如，下面两位家长结合自己孩子训练前后变化的对比评价。

1. 钟逸霖妈妈在邮件中写道：

许老师，您好，我是钟逸霖妈妈，我觉得孩子参加您的能力训练班收益很大。因为孩子非常感兴趣，所以期末时每天睡前都要练习静心，并主动把脑中的图像画下来，而且还教会了我一起这样做。期末时，除了老师课堂上的复习内容，家里并没有额外的学习内容安排，结果，她的期末成绩很好，数学居然得了100 分。因为孩子平时爱马虎，我问她怎么考好的？她说考试前做了静心。现在放假了，孩子还每天坚持着，已经快画完一本了。

逸霖妈妈　李晨阳
2010 年 7 月 16 日

2. 任卓识的家长说：

我家孩子上个学期开学是小学入学以来最低谷的一段时间。班主任孔老师给他推荐了一个能力训练班，由孔老师和许老师一起做辅导，没多久孩子就有了翻天覆地的变化。沉得住气了，稳得住神了，伏得下身了，就像变了一个人。而且学会了静心，学会了自己给自己订计划。孩子经过自己的努力，付出汗水获得成功后，老师的表扬，同学的认可其实都是孩子的心理和精神的需要。孩子也自然而然地体会到学习带给他的快乐。这个阶段孩子对待学习就是不用实行奖励也自觉自愿去做了。他就越发学得主动了，学得用心了，学得自觉了。

（孔泽明老师提供）

从这两位家长的信中可以看出：心智能力训练是可以改变学生原有的不良认知和行为习惯的，只要调动学生的内心感受，学生就会有所变化。

当大量信息进入我们的大脑后，如果信息加工过程出现问题，人的认识能力也必定会出现问题。那么如何在信息输入大脑后，有效进行信息加工呢？在课堂教学实践中，我们如何发现、呵护、培养学生良好的心智能力？这便是我们研究的最为关键的问题。

下面我们就以石海平老师记录的心智能力训练课程中的两个案例进行说明。

 案例一

我们在进行注意力训练时，让孩子看上面这幅图片，4秒后图片在学生面前消失。学生在图片消失后进行回忆，并描述图片上的信息。

下面就是让孩子回忆图片的过程。这个过程反映出学生大脑对信息的加工情况。

课程之中，一个小姑娘把图片左下方的S说成了I。这时班上一部分学生发出了"啊"的声音。我们看下面许老师的引导：

许老师：没关系，接着说，大胆地把自己记忆的图片描述出来。

（当孩子把整幅图片说完以后）

许老师：你特别棒！因为我们刚才提到了左上方的图形，你马上就能主动发现有左下方的图形状况。

（班上大部分孩子点头表示同意）

许老师：你可以再回忆一下刚才观察的全过程，按照观察过的顺序进行回忆，帮助自己把头脑中的图片寻找回来，并使图片清晰地出现。别着急，慢慢做。你现在能想起来吗？我数三下，你大胆地说，错了也没关系。

许老师：1、2、3。

学生：左下方的字母是一个 S 不是 I。

许老师：真棒！　这回一定要大力表扬你。原因一：你的大脑开始运动了，你可以把自己的思考重新整理并进行表述。原因二：你敢于表达自己了，不再害怕出现错误，因为出了错还可以依靠自己的努力与回忆的方法进行修改。你看，经过大脑自己的调整，这个图片就回忆出来了，顺序也就清楚了。因此，你今天教会大家先进行大脑内部的信息加工，然后再进行表达意思就说清楚了。要有信心！

🍀 **案例二**

同样是在注意力训练的环节，上面这幅图片中的 6 种小动物按"大象、老虎、母鸡、青蛙、猴子、海豚"的排序依次出现，4 秒钟后所有图片消失。

现在，孩子们要回忆图片在屏幕上出现的先后顺序。一个男孩在回忆过程中将青蛙与猴子的出现顺序颠倒了。许老师在肯定孩子说得好之后，指出孩子有说得不对的地方。鼓励孩子再回忆。

我看到这个男孩闭起双眼，真的在努力回忆图片出现的过程。之后，他很顺利地调整了两幅图片的顺序。

但是，事情并不是到此为止，许老师问："你是用什么方法把它们调整过来的？"孩子回答说："我在记青蛙和猴子的时候，头脑中的记忆有些模糊，您说刚才说我的顺序有错的地方一定在大脑中不清楚，所以，我就在大脑中重新调整了它们的位置，这时就会觉得脑子中的图片清楚起来了，我就相信这次是对的，所以就把它们的位置调整了一下，结果真的对了。"

课后，石海平老师写出了下面的反思：

在心智能力研究团队例会交流中，许老师提到了一句哈佛大学的名句"教师的作用不是为了改变孩子，而是开发出孩子内在的能力"。用这句话概括上面两个案例，再合适不过了。反之，这两个案例也正是这句名言的实践与演绎。

在案例中我惊诧于孩子本来记错的东西，通过有顺序地回忆，竟然神奇地找到了脑中的正确记忆。许老师在例会中分析了这个案例："孩子在记忆中漏掉的部分被忽略掉了，当你不停地激励，大脑就会不停地放大那块漏掉的部分。在孩子受到鼓励时，他就会给出重新反馈。"参加交流的美国麻省理工学院的博士后吉青老师这样分析："大人和孩子对事物的感知是有差异的，往往大人感知得更有条理。孩子在感知时，脑子里的东西就好像一块一块的砖头，老师要教给他方法，给他时间，让他用这些砖头搭起结构。"

联想到我们的学科课堂，当孩子对一个问题给出的是错误答案时，我们能不能给他们以信任、以鼓励，给他们自我修正的机会。从某个角度来说，这比别人告诉他正确答案，能产生更大受益，这比他在课下练习十道类似的题更有价值。

在案例二中，孩子也出现了错误。而这个孩子的修正过程又不同于第一个孩子。可以说，这是个了解自己、善于调整自己思维的孩子。通常这是些充满自信的优秀学生。

两个例子涉及了不同类型的学生，而许老师的处理过程，都是以大力表扬、鼓励为基础，然后施以引导。案例一中，引导孩子按顺序思考；案例二中，指出孩子有错的地方。两个孩子都进行了成功的调整。许老师常说："孩子内心实际有这些东西，只不过是要我们把它激发出来。"我想这就是孩子潜能的激发吧。

几节课下来，让我受益很多，冲动着想要尝试着用在自己的学科课堂上，这也是对我的潜能的激发吧。

通过大量事例研究，我们可以很肯定地说：大脑内部的信息加工过程的调整可以开启学习者的潜在能力，激发学习者强烈的自信心与内驱力。

第三章
静心与心智能力

　　多年的教学实践使我们确认，静心是心智能力发展最有效的前提保证。依据美国波士顿大学医学院的实验结果：人在内心平静前耗氧量为每分钟 251 毫升，心静时为 211 毫升。呼吸次数每分钟减少 2 次，呼吸量每分钟减少 1 升。经过静心的过程，人体机能的工作效率将会提高。同时，监测还表明，人在静心时血液中的疲劳素降低，心脏向大脑提供的血液优于其他状态，可以使大脑更好地进行思维活动。

　　美国《时代周刊》的资料显示，美国各地的学校、医院、律师事务所、政府机构、公司行号和监狱开静心班的越来越多，简直到了"很难躲避静心"的地步。最新一期的《时代杂志》封面故事报道，美国人对静心产生兴趣，是有医学的原因，也有文化上的原因。越来越多的医师推荐静心，当作防止、延缓或至少能够控制长期性疾病如心脏病、艾滋病、癌症和不孕症等病痛的方法。忧郁症、过动儿症（hyperactivity）和注意力短缺症等心理疾病也可运用静心平衡过来。

　　报道还引述了《毁灭性的情绪》（*Destructive Emotions*）一书的作者柯尔曼（Daniel Coleman）所说的，"过去三十年来，有关静心的研究已经告诉我们，静心作为抗压或降压的解方十分有效。新的研究更令人振奋：静心可以训练我们的心灵，改变我们的脑部结构"。

　　目前，最精密的显像技术，表明了静心的确可以重新调整脑部，例如，可以改变让血液升温的交通堵塞点，疏通脑部的血液循环。

　　创立身心医学中心的哈佛医学教授本森（Herbert Benson）在 1967 年就测出：人在静心的时候，消耗的氧气比平时少 17%，每分钟心跳数减少 3 次，θ 脑波会增加。θ 脑波在 4～8 赫兹之间，是入睡前出现的脑波。静心者不会真正睡着，却能保持警觉。

　　本森后来出了一本畅销书，叫《放松疗法》（*The Relaxation Response*）。该书指出：静心者会回避对抗或逃避的反应模式，此一模式是由紧张所导致，静心者能够达到更沉静、更快乐的境界。他说，他只是把数千年来人类一直在使用的降压技巧从现代生物学的角度提出解释。此一学说经过几位教授的确证，包括威斯康辛大学的戴维森（Richard Davidson）。戴维森认为，经过静心训练，脑部反应从对抗或逃避转为接受现实，反而更能增进一个人的满足感。

这些实验结果也更好地诠释了中国人常常提到的"定能生慧"的意义。定就是指做事前需要先把心静下来，而后才可以产生智慧。

当人们达到静心时便进入了一种最自然的状态，此时它不是一种头脑的努力思考，也不需要用力控制头脑。因为努力与控制会使人更加紧张，而紧张与心静是完全相反的两种状态。所以，我们在做事之前如果能够注意平静内心，就是迈好了做事的第一步。

那么，如何帮助学习者达到静心的状态呢？我们在长期的研究与实践中得出以下结果。

静心带动大脑放松练习

我们在前面的内容中介绍了，在通常情况下大多数人充分使用左脑进行思考，科学研究结果表明，由于左脑主要负责分析性工作，控制语言和数理逻辑能力，那么，我们常说的学习能力主要依赖左脑正常运作，此时大脑总是处于紧张的 β 波动状态。而右脑最重要的是空间思维，被认为透过创造性的影响来判断信息，运用右脑时，大脑就会处于 α 波动的放松状态，很快地会促使注意力高度集中。

因此，我们在做事之前需要进行静心训练，以带动大脑放松。

初期体验大脑放松训练时，我们会选择借助音乐辅助练习。因为音乐具有改变一个人意识状态的惊人能力。越来越多的科学实验证明，音乐是可以透过不同的神经脉络促进大脑的新陈代谢、有效改善大脑的功能、促进学习能力的，而左脑和右脑之间的胼胝体起到连接作用，控制左右脑的沟通。音乐可以激活遍布在胼胝体的各个神经元，使左右脑平衡。纯音乐用以刺激右脑，而歌唱就刺激左脑的语言区。

鉴于左右脑的功能分配，在静心训练开始时，我们选择具有 α 波动的纯音乐进行大脑放松训练，有效改善注意力状态，更好地刺激视觉感官，因为良好的视觉能力是在正常状态下提高观察力的保障。

随着训练的进程及学习者的状态改变，我们会对音乐曲目进行适当的变换。例如，培养想象力与创造力时，我们可以播放古典音乐，促使内心的平和与稳定性；培养良好的语言和逻辑能力时，我们可以提供一些歌曲或者节奏明显的摇滚乐来听。

渐渐地，当学习者掌握了自我放松的方法后，我们便开始引导其脱离音乐辅助自主放松，以随时随处地进行自我心态调节。

静心至大脑放松的具体操作步骤

我们经过近 20 年的课程实践与尝试调整，在心理学博士宋丽波老师的引导下，结合不同阶段学习者的状态，确定了目前运用的操作方法：

1）身体直立，头放正，肩放平，双腿与肩同宽，平踏地面，舌尖顶住上齿，轻轻闭上双眼，舒舒服服地坐好。

2）听音乐前引导学习者注意感受自己的呼吸是否平稳而均匀，如果发现学习者情绪激动可带学习者先做 1～3 个深呼吸，帮助其逐步达到心情平稳的状态。

3）播放音乐，时间在 3 分钟左右。初期时，尤其是年龄小的学习者，可以边听音乐边拍打节拍，以此帮助自己将注意力集中在音乐上，经过一段时间的练习，可以取消打节拍的环节，专注于音乐的感受。

4）当学习者已经掌握静心，并可以使大脑放松的方法后，可以撤掉音乐的辅助，由学习者自我进行大脑放松与心态调节，达到随时可以排除各种干扰，将注意力集中的状态。

需要特别注意的是：

1）引导学习者放松时大脑不必用力思考，保持自然状态。

2）在初期引导学习者达到心静的状态时，通常要求学习者轻轻闭上双眼。特别是年龄尚小的学习者，对外界充满好奇，睁开双眼很容易受到周边环境的打搅。如果闭目静心，可以有效防止周围的事物造成的视觉干扰，以免分散注意力。

此时提出让学习者闭目的要求，是为了帮助学习者排除外界事物的视觉干扰，将注意力回向内心，产生以神经过程抑制为特征的放松状态。在这种状态下会出现两种变化：一是因肌体松弛、主要的外部感官封闭，使身心能量消耗降低，几乎停止一切有形的肢体活动，进入新陈代谢过程的能量储备阶段；二是在机体放松和能量恢复的基础上，使人脑皮层处于高度敏感状态。

在静心训练开始前，我们时常发现许多孩子正处于肢体的剧烈运动状态，有的正在相互打斗，有的忙着做自己手中的事情，无论教师怎样组织，或者是家长有意引导，他们均视而不见，即便有的学习者被教师或家长严厉呵斥阻止了某些行为，但是思维却依然畅游在自己的世界里，眼神多呈迷离状态。进行静心至大脑放松后的学习者，能够停止个人肢体活动行为，静下心来专注于课堂任务，整个教室是祥和的、静谧的气氛，连钟表的嘀嗒声都显得清晰悦耳。这样的过程主要为引导学习者充分放松，其作用是降低中枢神经系统的兴奋性，降低由情绪紧张而产生的过多的能量消耗，使身心得到适当休息并加速疲劳的恢复，为进行其他能力的培养打下基础，有效促使全身各部位肌肉放松，中枢神经系统处于适宜的兴奋状态，促使注意力高度集中是放松的目的。只有这样，学习者才能排除内心的不良干扰，全力以赴地做好每一件事情。这一结论无论是在中国的课堂上还是在美国的课堂上，都是一致的。

我们可以认为静心是一种状态。所谓的静心状态，就是指人心如止水、旁若无人的感觉。在这个时刻人处于宁静状态，不需要思考与集中精神，让头脑自然放空，其实大脑会得到充分的休息与调节。这并不是人的无意识状态，静心的时候个体的意识仍然会存在，此时的大脑通常会对我们拥有的知识进行分析整合，所以当人处于静心状态之后都会有所感悟。但是由于静心过程中人本身的意识存在，而且静心过程中产生的很多东西都会引起人们情绪的波动，所以静心状态的持续时间各不相同，一般情况下不会维持很久。

例如：我们在进行听音乐静心训练时就会发现：最初的时候，大多数参与静心的学习者会在进入精心状态后的一分钟左右，头脑就会离开音乐，有的学习者会想起一些生活中的事情；有的会关注到外面传来的声音；也有的不再继续，因为心里出现了紧张与害怕的感觉。但是，经过5～6次的练习之后，大多数学习者可以平静而完整地听完音乐。他们有的会有困意产生，感觉浑身放松；有的感觉与音乐融合紧密，感受音乐的美妙；还有的在音乐的感染下头脑中产生了一幅幅画面，享受其中……渐渐地，经过一段时间的训练，学习者们大都比以前心态平和开朗了，有的人可以从最初的自我回避转为大大方方地讲述自己的感受；有的人能够平静地面对自己困难而不再像以往那样焦躁不安；还有的人可以放下以前不肯丢掉的那些功利心态，乐于接受自然发展的态势了……

当静心这一重要环节被学习者掌握，并能够形成习惯后，学习者便可以在未来做事的过程中随时进行自我调整，做到处变不惊，稳而不乱，是培养良好心智能力的坚实基础。

为了更有效地帮助教师准确了解学生的静心状态，我们开设了教师心智能力训练体验课。当我们要求教师专注地倾听一首音乐时，教师将自己的真实感受告诉我们：

"我根本无法让自己走进这段音乐，脑子里总有很多东西浮现出来，心里很躁动，会有一些担心。"

"我开始听到了音乐，慢慢地注意力就从音乐中出来了，开始想很多需要处理的事情，一会儿就感觉坐不住了。"

"我会跟着音乐的节拍听音乐，但是总会被外面的其他声音不断地打扰着，使注意力不能够集中起来。"

……

当我们的训练进行到第三、四次的时候，教师的反馈是：

"我可以一直跟随着音乐的旋律了，而且感受到每一个跳动音符的力量。我感觉大脑很轻松，一切都可以暂时放下。"

"我可以排除大脑里许多事情，只是专注地感受音乐旋律带给我的快乐。渐渐地有一种倦意升起，我体会到了闭目养神的意蕴，感觉一切都是祥和而自然的。"

"刚才有人说外面有什么声音，我还真的一点也没注意到，随着音乐的流淌，我大脑内出现了一些像电影一样的画面，画面逐渐地清晰起来，直到音乐结束。"

……

这些前后变化足以证明：教师在平静自己内心的状态后，就会放下许多主观意识，不再纠结于事情所带来的情绪之中，而是认同自然地呈现，真实地面对自己，调节自己的意识状态，提升平和度。

教师们在进行了这种体验之后，逐渐地学会自我心境的改善与调节，同时可以很好地了解学生的心理状态，更容易理解、接纳学生出现的情形，对学生进行有效的疏导与帮助。

第四章
认知与心智能力

经过长期的实践与思考，我很认同研究者们提出的这一观点：心智因为人的认知能力而进化。心智成长就是认知不断发展的过程，也可以说是心智的进化。通过了解认知的过程，不断培养自我觉知（self-awareness），不断修正自我的感知（perception），来认识世界和自我的真正面目，是心智成长的必由之路。

静心是做事的起始行为，也是做好事情的必要的前提保障。但是仅仅掌握静心的方法对人的发展是不够的。人能够更有质量地生活在世界上，还需要在静心的基础上更多地依靠自身的能力主动发展。但是，能力的形成是需要有效的培养和锻炼的，特别是在儿童和青少年阶段，这种培养和锻炼更重要。

当学习者能把心静下来做事情后，想要提高做事的效率还要依靠学习者自身的多种认知能力，这些认知能力的形成与运用的过程正是心智能力的成长过程，需要有意识地呵护与培养。

有人认为头脑（mind）是我们产生思维的物质基础，头脑虽然更接近心智的概念，但并不能完全表达心智的内涵。头脑不停地思考，产生思想和思维，思维的结果是人的独特的对世界的感知和理解。思维是心智的血液，不停地流动，为心智供应"氧气"，当然思维也可能为心智供应"毒气"。可以说，头脑是我们实现心智成长的梦工厂。学会正确地思考是心智成长的主要任务之一。

人的成长过程也是认知（cognition）的发展过程，也就是人的学习能力的发展过程，是人能够在进化过程中超越其他动物，成为地球主宰的主要因素。认知是心智通过感觉、思维、推理、判断来认识世界，产生独特的觉知（awareness）和感知（perception）的过程。这是心理学家和科学家对心智学习过程的专业称呼。而觉知和感知是认知的结果。心理实验证明，如果给自己和给别人打分，大多数人总会给自己较高的分数，给别人较低的分数，这就是人自身对事物洞察的一种感知（perception）。人的意识是主观现实的产物。用自己的经历、经验、知识来解释所感知的一切和推断事物的结果和动机是人的习惯性思维。因为觉知的存在，我们知道了世界的存在，所以哲学家笛卡儿说："我思故我在"；因为感知的存在，我们每个人都有一个不同的世界观和现实观，这是人类社会之所以丰富多彩的原因。因此，通过了解人的认知过程，不断培养自我觉知，不断修正自我的感知，来认识世界和自我的真正面目，是心智成长的必由之路。

人本心理学家马斯洛（Abraham Harold Maslow）晚年认为，人的最高需求不是自我实现，而是精神的超越。的确，如果人不能实现精神超越，那么自我实现又有什么意义呢？因为人的生命是有限的，若没有精神追求作为自我实现的升华，自我实现便随着生命的终结而失去了价值。微软公司创始人比尔·盖茨和股神巴菲特的自我实现和精神成长之路可以为马斯洛的结论提供最好的注解。

当人可以充分发挥自己的潜力，并表现出自己的才能时，人们才会获得极大的满足感，这就是人的自我实现带来的效果。

马斯洛在 1940 年提出的需求层次理论中，将研究焦点放在心理健康的个体上，特别是那些所谓"自我实现"（self-actualized）的人身上，尝试归纳出那些对生命感到满意、能发挥潜能又具有创造力的人的共通点。马斯洛发现，这些人之所以较不易受到焦虑与恐惧影响，是因为他们对自己及他人都能抱着喜欢及接纳的态度。他们虽然也有缺点，但因为能够接受自己的缺点，所以他们较一般人更真诚、更不防卫，也对自己更满意。

根据马斯洛的需求层级理论，当一个人较低层次的需求（如安全感）获得基本满足之后，他便会转而尝试满足更高层次的需求（如自我实现），他对生命的满意度也随之提高，但是，当这样的倾向受到阻碍，特别是孩童时期父母冷酷或拒绝的态度，便会影响到这个人的自我概念的健康发展和他对现实世界的觉察，这个人开始自我防卫，甚至从真实的感受中抽离出来时，更难成为自我实现的人。

另一位人本主义心理学的代表人物罗杰斯认为，所谓自己，就是一个人的过去所有的生命体验的总和。假如这些生命体验我们是被动参与的，或者说是别人的意志的结果，那么我们会感觉我们没有在做自己。相反，假若这些生命体验我们是主动参与的，是我们自己选择的结果，那么不管生命体验是快乐还是忧伤，我们都会感觉是在做自己。

但是，我们也越来越多地看到，当人们达到自我实现后，许多人开始自我陶醉，自我膨胀，享受其中，渐渐地听不进与自己相反的意见，进入自我停滞的状态。

对于独生子女家庭的孩子，我们发现，成年人的不停称赞、过分关注都会促使孩子盲目地认为自己已经很棒，很了不起了。当形成备受关注与赞扬后，反而出现了遇事胆怯、回避、精神脆弱的情形。

正如马斯洛在提出"自我实现"这一概念之后不久就对这一概念的使用产生的忧虑。他意识到，这一术语除了从文学观点看来显得笨拙以外，还容易因语言习惯而导致一些误解，似乎成为一些人自我中心倾向的理论依据。因此到他晚年时，他提出超越自我实现的思想，马斯洛更明确地将他的价值取向与利己主义区分开来，即使是个人水平上的自我实现，也不是利己主义的，因为自我实现的主要途径是工作，是为社会创造物质和精神财富。

马斯洛认为，刻意去寻找高峰体验是徒劳无益的。自我实现的精神生活不是由无止境的一系列强烈的、高度兴奋的高峰体验所构成。尽管自我实现的生活包含时而经历到的高峰体验，但它更多的是由日常生活中的神圣感所构成。马斯洛在日常生活中体验到的神圣的平和与宁静称为"高原体验"（plateau experiences），以区别于高峰体验（peak experiences），高原体验在自我实现者的生活中也占有重要地位。

马斯洛指出，精神成长通常来源于痛苦的经历，而不是来源于肯定的、美丽的、可爱的经历。因此他提出"最低点体验"（nadir experience）的概念以强调面对死亡的体验对自我实现者的意义。他试图纠正人们对高峰体验及产生高峰体验的技术的过分强调和过分感兴趣。

因此，我们必须要做的是帮助孩子们在能力发展的过程中尝试自我超越的过程，这才是人的更高层次的发展。

下面阐述的是各种能力培养与心智能力的关系。虽然在很多人看来，这些能力并不陌生，也会在很多领域中被提到。我们所做的就是从学习者的认知状态开始训练。我们选用的训练素材都是最为简单的，但是这简单的素材却可以帮助学习者由浅至深、由简到繁、循序渐进地认识与增强自身的多种能力，在参与训练的过程中逐渐清晰地认识自己的能力情况，并在此过程中准确发现自己所意识不到的问题，进而进行新的尝试与改变，在不知不觉中走进自我，实现自我，并且超越自我。

第一节　注意力与心智能力

法国生物学家乔治·居维叶说过，天才首先是注意力。注意力是打开我们心灵的门户，而且是唯一的门户。门开得越大，我们学到的东西就会越多，如果注意力涣散或无法集中，心灵的门户也就关闭了，一切信息都将无法进入。注意不是被动的，而是积极的、主动的，是人进行心理活动的一个必要条件。在正常情况下，注意力使我们的心理活动朝向某一事物，有选择地接受某些信息，而抑制其他活动和其他信息，并集中全部的心理能量用于所指向的事物。反之，就会产生注意障碍。

我们发现，当一些人的注意力更多地沉溺于自身的内心世界里时，是很难与课堂或所处的氛围相融合的。例如：在日常生活中，我们通常发现一些人喜欢听到一个问题后，甚至还没有听完整便急于发表个人观点，即便别人阐述了不同观点，他们也不会理睬，依旧述说自己的想法，一旦发言机会被他人获得便表现得失落、不开心，甚至不愿意再继续思考和交流下去，使得交流呈现出一派各抒己见、各不相关的局面。

鉴于上述内容中提到的这种情况，我们的注意力培养需要从听与看的能力开始。我们经常发现，成年人在教育儿童的时候总是提醒他们做事要认真听、认真看，但是该怎样做才能够实现认真听和认真看的效果呢？我们主要通过体验式的方法来引导学习者进行注意力训练。

听的注意力指导

提到"听"的训练，人们似乎觉得并不那么新鲜，因为在大多数情况下，人们都会强调而且很明确"听"的重要性。尽管如此，我们在日常生活中依然会发现很多时候人总是因为"听"的能力差异影响了理解与处理事情的效果。

所以，我们在这里所提到的"听"是一种从零开始，带有自我检测的"听"的训练方法。

音乐节拍法

前面提到过的随着音乐打节拍就是在帮助学习者体验如何将心理活动指向某一事物，抑制其他信息的干扰的方法。借此方法更有效地集中注意力。

初始阶段，我们需要选择节奏清晰的纯音乐曲目，即便如此也会发现学习者的节拍是混乱的，但坚持6～7次的练习他们拍打出的节拍就是规律而有节奏的。

重复叙述法

在日常生活中，尤其是面对儿童或者听的能力较弱的人时，我们可以在说完一段话后有意识地让他们重复说过的内容，使其在听之前就将注意力集中起来。

这个练习要求从简短的语句开始。最初会发现他们总是丢三落四，重复不出原句，渐渐地他们就会一字不落地把句子重复清楚了。然后适当再加长语言内容，再让他们重复，练习之后会发现他们的注意力得到改变，达到高度集中的程度。

实践证明，听觉注意力是可以通过有意引导而培养的能力。

培养听觉注意力最为重要的是吸引学习者的耳朵，调动耳朵对声音的敏感反应与专注程度。

在最初训练听觉注意力时，可以随时进行练习。比如，当我们刚刚讲完一句话后，马上请学习者重复刚才的语言内容。开始时，会发现很多学习者重复不上来，而且觉得这个要求很突然，但是，当我们告诉学习者准备再说一遍刚才的内容时，就会看到学习者表现出专注状态。他们会自然地支起耳朵静静地等待，用心地听所要讲出的内容。这样反复几次后，学习者的耳朵开始有了听的意识，只要是遇到发出的声音，耳朵就会自然关注。

当听的意识建立起来之后，我们可以变换多种方式再次进行训练。比如，可以让学习者复述广播里的内容、转述他人的语言内容等。这样反复几次，学习者会渐渐体验并积累有意识的听的感觉。再坚持一段时间后，就可以由无意识听的状态转为有意识听的状态了。这样听的注意力提高了，就可以保证听的质量，为接下来的思考、交流等行为奠定了坚实的基础。这个操作过程看似简单，但恰是培养有意注意的最简洁且最有效果的方法。

视觉注意力指导

听得准是有益于收集信息、易于沟通的前提条件。那么看得清楚也是收集、存储信息不可忽视的一种能力。

培养视觉注意力需要提供视觉集中的目标，随着目标的移动进行注意力的跟踪练习。这样的练习可以提高积极主动的注意能力。

进行这个练习的条件是选择一些简单易认的实物图片。

单图观看

首先，我们将准备好的实物图片在学习者面前出示后再瞬间移开，之后请学习者说出刚才看到了什么。如果学习者没有说出来，可以提示学习者做好准备再看一次。这样，就是在引导学习者将注意力集中在视觉上。反复几次，学习者便会建立起视觉注意的意识。

多图连续观看

在此之后可以引导学习者进行连续观看的练习，将几幅图片叠放，快速地翻动，使之能够说出所看到的内容。这个练习需要学习者的视觉注意高度集中，从而提高视觉的敏感度与准确度。

其次，我们可以充分利用一些已有的游戏来帮助孩子提高这种能力。这个过程是需要有目的地引导孩子进行游戏的，在游戏中强化能力的养成。例如，有一种游戏是捕捉空中飞行的害虫，要求游戏者按照一定要求捉到指定颜色和一定数量的虫子。此时先要指导游戏者明确游戏的目的，然后盯住目标进行操作，直到完成任务。这个游戏就是在帮助游戏者在目标清晰的情况下进行跟踪捕捉，强化注意力的高度集中。

排除情绪干扰指导

很多时候人的注意力不能够集中，是因为内心存留了与眼前事情不相关的问题。这些问题会干扰人的注意力，也就是人们常说的分心现象。这些内心的困扰正是他们内心的需求，如果这些内心需求得不到释放，它将始终牵制人的注意力，直接影响着人的情绪。

我们常用下面的方法帮助学习者将内心存留的问题宣泄出来。

在自我描述中释放情绪

每个人都是天然的作画者，而发自内心的画面又是作画者最好的内心状态的解读。内心画面传递出的信息，比语言更丰富。这些源自于作画者内心的画面是最有效的直达人心的工具之一，可以成为人与人之间沟通最便捷、最有效的一种方法。

例如，有一个三年级的女生，在一次数学课上，教师让大家对一道数学题目的答案判断正误，她判断答案是正确的。当老师问她为什么时，她回答说她的大脑中出现了这样的画面：在一个新婚之夜有两个人在接吻，吻出个"√"。

这个学习者所描述的内心画面虽然与课堂教学内容完全不相符合，但是的确反映出这个学习者当时内心最为关注的问题是父母的状况，而非课堂的数学题目的解法。于是我们对这个学习者进行了追踪询问后才得知，她的父母当时正在准备离婚，她希望父母能够和好。由于这个原因，她那段时间整天闷闷不乐，无心于学习之中。但是当她将心中的这个感受倾诉出来后，反而变得轻松了许多。甚至在一段时间之后，当她的父母真的离婚时，她并没有为此而烦恼，她认为父母的离婚行为是她不能阻止的，这是父母之间的问题，只有干好自己的事才是她个人最重要的。

因此，描述心理图画是帮助人们将内心活动表象化，通过对表象的分析，帮助他们将心中的需求释放出来，排除内心干扰，平和情绪，调整注意力的有效方法。

适时引导排解内心压力

平日里，我们总会发现有的学习者情绪不高，出现不愉快。此时进行教学对学习者个体是无效的。为此，我们需要单独提示学习者进行自我情绪调节，如果学习者已经处于无法自我调节的状态时，就需要进行个别引导。

此时通常采用的疏导法是引导学习者释放情绪，比如，可以引导其说出内心的感受，引出产生情绪波动的原因后帮助分析。

例如，一名五年级的男生突然变得容易与周围的人产生矛盾，大发脾气。于是我和他的班主任张老师一起与他进行了深入的交流。起初，他依旧无缘无故地大发脾气，待他情绪稍稍有好转时，我便引导他做静心练习。静心练习结束，他告诉我，静心的过程中他的大脑里出现了这样的一幅画面：一棵粗壮的、根扎得深深的大树被拦腰截断，只剩下粗粗的一段树桩了。说到这里，这个孩子的泪水扑簌簌地直落下来。面对这么一反常态的情况，我连忙追问他落泪的原因，终于了解到：他的母亲就在三天前被车撞到了腰部，现在还躺在医院里，他很担心，但又不愿意说出来，因此积攒了内心的压力，自己不知道怎样排解，于是脾气越来越暴躁。我们一下子找到了这个孩子近期表现的原因，于是帮他解读了画面的意思："妈妈受伤了，你很难过，妈妈在你心中就像一棵大树呵护着你，是你的精神支柱，一下子发生这么大的事如同大树拦腰倒下，牵动着你的心。但是，你是男子汉，现在你应该做妈妈的精神支柱，只有你踏踏实实地、平平安安地做好自己的事，妈妈知道了才会放心，才会高兴，病情才能好转得快些。可是你为了担心妈妈，自己的事情都办不好，妈妈能放心养病吗？"他听后，深深地点点头，从这以后，他变得踏实下来，努力做好自己事情。为了妈妈，这个孩子学会了面对，更学会了自我调节，增强了自控力。

注意力的指向

很多时候人们会认为自己的注意力有问题，尤其是在评价孩子时，成年人总是说"这个孩子注意力不够集中"，"注意力总是分散"。

然而，在我们的观察中发现，孩子本身的注意力没有问题，大多数情况下人们指责他们的注意力问题并非如此，准确地说应该是孩子的注意力指向与成年人期待与要求的指向不同而已。

因此，我们进行心智能力训练就是在帮助学习者学会选择、调整、明确注意力的方向，让注意力发挥最大的作用。

例如，我们最常见的就是许多人在关键的时候反而没能够发挥出自己应有的水平与能力，给自己留下遗憾。在追踪调查中，我们找到了出现问题的主要原因：人们越是在关键时刻越容易将注意力集中在情绪与期待的结果上，而不是面前正需要解决的这个问题本身上，所以在关键时刻反而无意间使得注意力转移了。通常我们都会引导学习者明确自己眼前的主要任务，从任务本身出发思考操作步骤，提升操作的效果。

用一个最常见的案例解释：当一个人面对各种考试时，经常把注意力集中在提前思考结果如何上，而这个考虑恰恰与考试内容本身没有任何关系，反而会引发参与考试的人的紧张感。如果在这个时候，人们将自己的注意力单纯地指向眼前的考试内容，一定会深入理解与分析，找寻解决问题的方法，从而取得较好的、与个人能力水平相当的成绩。

第二节　观察力与心智能力

人对事物的一系列认识与反应即心智能力的集中表现，是由一系列认知能力组成的总体，这些能力可以让个体具有意识、感知外界、进行思考、作出判断及记忆事物。心理学认为，一个人的"心智"指的是各项思维能力的总和，用以感受、观察、理解、判断、选择、记忆、想象、假设、推理，而后根据这些信息的集合感受指导其行为。因此，当学习者的注意力可以达到集中的状态后，我们就会发现他们在实际操作层面的能力显现情况。由于注意力的集中，学习者就可以开始对信息进行有意的捕捉，此时便开启了人脑信息加工的大门。

接下来就是在正常情况下，人们最为常用的观察能力的培养。这将是储存并提高信息清晰度的重要步骤，有益于人对事情进行更加全面、准确的分析与判断。观察并非简单地看到，这与前面提到的视觉注意中看的练习有很大的区别。观察的重点更多地体现在具有逻辑性地、全面而细致地观看事物的方面。

例如，下面这一张图片是医院一间病房的照片，学习者观察后反馈的信息却各不相同。有的人说这是一间卧室，也有的人判断这是医院病房。为什么会有这么大的差别呢？就是因为学习者的观察能力存在着极大的差异。有的学习者只看到图片上的一部分内容，而且不能发现事物间的关系；有的人注意整体观察后，还能够关注细节的提示，比如看到图片床头的墙上有输液设施，急救呼叫设施，以及医务记录卡，还有特制的病房用床等这些医院病房特征。

当学习者反馈个人的判断后，我们会请学习者分别表达自己观察的结论并说明原因，这样就可以清楚地发现学习者的观察习惯，以便做好恰当的指导。如果是在进行集体交流，学习者作出的不同判断之间一定会产生碰撞，这也是相互学习的机会，在互动交流中相互启发，在观点比较中提升自我认识与反思的能力。

因此，我们要指导学习者在有序观察的基础上学会细致观察，学会捕捉信息、处理信息，将细微的现象与主体相结合进行分析，才能提高判断的准确度。

观察指导步骤：

1）从事物整体入手，了解大致情况；

2）将观察的整体划分为几个观察部分，以缩小观察范围，使视觉注意力更加集中；

3）按照一定顺序对划分出来的部分进行详细观察，发现细节特征。

这样具有逻辑性的观察可以帮助学习者积累更多、更细致的信息资料，培养良好的观察习惯，在观察过程中准确地发现、储存、分析信息素材，同时在信息素材丰富时进行更深入的观察，作出精确的判断。在训练过程中，我们将观察分为图片观察、静物观察和动态观察三种。

图片观察

由笼统到细节

通常情况下，我们的观察指导都是从图片观察开始。因为图片反映出来的信息较为集中，容易理解、掌握观察的方法。

最初，我们会让学习者观察一个简单的图片。比如，观察图片上的一个苹果。然后请学生说出自己看到了什么？

在收集的案例中我们经常可以看到，最初大多数学习者看到图片后便会脱口说出："苹果。"如果继续让学习者观察，并加以追问："还发现了什么？"学习者便会陆续回答道："我看到一个苹果。"再继续询问，会回答"我看到一个红色的苹果。"如果此时继续询问同样的问题，就会得到更多的回答。如："我看见一个红色的，皮上面有些黄棕色斑纹，还有一点亮光的苹果。""苹果是圆的，但也不是很圆，右下侧有些突出，上面中间的位置凹下去了，中间长了一个棕色的，下面细、上面粗一点儿的苹果把儿。"…… 最终的答案已经远离开始那个笼统的回答，而发展为一段细致、全面的描述。此时产生的效果就是学习者细致观察后获得的比较全面的图片信息。

当学习者发现仅仅是一个简简单单的苹果却隐藏着这么多的信息时，便会下意识地集中精力参与更细致的观察，对事物的认识也会从表面化到逐渐全面而深刻起来，也在不知不觉中领悟了观察的方法。

由整体到部分

由于图片上的信息很丰富，整体观察或者随意观察都不会做到全面而精细，所以我们指导学习者先把图片划分几个部分，然后逐一在缩小的范围内再观察，这样才能注意到诸多细节。

通常我们采用图片对比观察，发现不同的方法帮助学习者体验这个过程，以更好地掌握这个观察方法。

例如，观察下面两幅图时，我们要求学生把图片划分成几个观察区域进行比较。下面是一个班学生呈现出来的划分图片（参与研究的石海平老师提供）情况的统计。

这个班共有 41 人参与，呈现出的结果如下：

第一类划分法：能够使用曲线或折线进行划分，使得每个独立的事物保持完整。采用这种划分方法的学生共计 22 人。按照划分的数量又分为 4 种情况：

（1）分成 2 部分：4 人

（2）分成 3 部分：5 人

（3）分成 4 部分：12 人

（4）分成 5 部分：1 人

第二类划分法：不能保持独立事物的完整性。共计 19 人。按照划分的位置和数量分为 4 种。

（1）将树干与树冠切割，其他事物保持完整：5 人

（2）在水平和竖直方向各划分开，不考虑事物的完整性：8 人

（3）在竖直方向上进行 2 次或 3 次划分，不考虑事物的完整性：5 人

（4）在竖直方向和水平多次划分，不考虑事物的完整性：1 人

数据对比如下表所示。

类别	种别	数量
第一类：能够使用曲线和折线进行划分，使得每个独立的事物保持完整。共计22人	分成2部分	4人
	分成3部分	5人
	分成4部分	12人
	分成5部分	1人
第二类：不能保持独立事物的完整性。共计19人	将树干与树冠划分，其他事物保持完整	5人
	在水平和竖直方向各划分开，不考虑事物的完整性	8人
	在竖直方向上进行2次或3次划分，不考虑事物的完整性	5人
	在竖直方向和水平多次划分，不考虑事物的完整性	1人

共计：41人

经过统计我们发现，学生的观察方法与观察角度有很大的差别。这些差异的形成源于学生已有的认知能力。

我们知道认知能力是指人脑加工、储存和提取信息的能力，即人们对事物的构成、性能与他物的关系、发展的动力、发展方向及基本规律的把握能力。它是人们成功完成活动的最重要的心理条件。

我们相信，如果把上面的图片划分得当再进行对比，很容易就可以发现图片上的不同之处。但是，当学生依靠已有的认知能力进行划分对比时，却出现了上述多种方法，这便显示了学生头脑中信息加工过程的差异。

为了帮助学生自我认识更有效的划分对比方法，我们将上述几种划分法全部贴在黑板上，请学生观察，并选择自己认为最清晰的方法。经过这样的自我选择过程，大多数学生们认为第一类当中的第3和第4个方法更便于对比，更易于清楚地发现不同。在总结时，学生认为，划分需要合理地归类，并且要使每个独立的事物保持完整，这样对比起来更加明显。

可见，学生心智能力的形成不是只知道概念就可以实现的，而是要引导学生参与体验来获得的。因此，这种观察训练的目的是为了帮助学生在观察过程中获得观察体验，摸索出适合个人理解并接纳的观察方法，在此期间，学生的心智能力会自我增长。

静物观察

对于学习者来说，图片观察相对简单，但观察是否细致入微是一个最为重要的问题。这也是观察的基础，因此需要指导者细心而耐心地引导。

在图片观察与对比观察的基础上，学习者已经懂得如何划分区域，懂得如何进行细节观察。为了使学习者的观察能力更加独立、全面而准确，我们还指导学生充分利用多种感官参与静物的观察过程，进行观察地全面体验。

例如：当学习者认识一只水杯的外形后，很容易就能抓住其外形特点，如它是什么形状的，什么颜色的，等等。在此基础上，我们继续引导学习者对水杯进行更深入的观察。比如引导学习者根据自己动手摸一摸水杯，寻找触觉方面的新的发现点。这样一来，便会引起学习者的观察兴趣，经过对水杯的里里外外全方位地触摸，甚至有的人还用舌头舔了舔这个水杯之后，学习者对水杯的观察更加细致入微，得到的信息就会更加丰富，观察便从对物体表面化的认识拓展到对事物的本质特征的认识上。

下面是一个学生对水杯观察后的描述：这个水杯的外形是一只粉色的，像小公鸡形状的水杯；"小鸡"红红的小嘴摸上去尖尖的，很扎手；它是塑料材料制成的，摸上去感觉很柔和；水杯是双层的，里面有一层保温膜，它的杯底儿是中间鼓四周凹的，杯子里有一股淡淡的塑料味道……如此观察，这只水杯留在学生头脑中的表象不仅是外在形态，还有内在情况，对学习者事物的认识自然也会深入。

动态观察

在多种感官的参与下，学习者对静物的体验式观察会更加丰富。那么对动态事物的观察如何进行指导呢？实践证明，对动态的观察应重点放在对事态变化的过程观察上。

例如，我在课堂上连续点燃了三根火柴，让学生静静地观察火柴燃烧的全过程。当学生观察第一根火柴时，发现了火柴是一下子烧起来的，开始火焰很大，后来变小了；第二次观察后，学生发现了火柴开始是一大团火焰，沿着火柴棍儿燃烧至中途变成了两小团火焰平稳前进，最后渐弱并且熄灭；第三次观察，学生又发现，燃烧过的火柴棍儿变黑并且卷曲起来。在观察火柴三次燃烧的变化过程中，我们发现学生的观察一次比一次细致，一次比一次全面，过程连续性越来越强，形象的信息积累也越来越清晰，在丰富的信息基础上观察也就具有了深刻性，为培养想象力和创造力奠定了坚实的基础。

事实证明，当学习者对事物的观察越深入，事物的表象清晰度也就越高，存留在大脑中的形象就越逼真。反之，观察信息的积累越丰富，观察则越能深入，能看到的东西越多，即常说的"外行看热闹，内行看门道"。这里说的"门道"

实际上指的就是事物表现出来的本质与规律，甚至是看似本无联系的事物，也能找到其间的密切联系。

例如，当我让学生观察火柴燃烧过程时，学生竟然有感而发道：我觉得火柴燃烧的阶段就像人成长的过程，少年时，活力十足，像火柴刚刚燃起时的一团很大的火焰；中年时，火焰平稳前进，途中会有一些坎坷，像火焰忽高忽低，但依然奋力向前；老年时，由于体力不支，便如同火焰一样渐渐变弱，最终熄灭。

还有的学生看后领悟道：我认为火焰的燃烧过程是艰难的，当火焰从火柴棍上烧过时，火柴棍就会变得炭黑、卷曲，但火焰依旧前进，直到最后一刻，火柴才结束了它的一生，因此人的一生也会是艰辛的，但只要坚持就会到底的。

由此看来，此时的学习者最容易借助观察信息的清晰程度产生联想，得到感悟。因此我们应该注意及时把握这样的时机，引导学习者更深入地观察，以激发学习者的进一步思考，加强理解的深刻性，有助于学习者心智能力的良性发展与提高。

以上内容说明：深入的观察可以有效促进心智能力的综合发展，观察力也是一种思维能力。一般地说，观察力越强，越能帮助学习者迅速透过现象抓住事物的本质，甚至对一些表面似乎不相关的事物也能迅速找出它们共同的特征或彼此规律性的联系，可以从一些看似平凡的事物或现象中发现别人未曾发现的特点或新的事物。

当学习者在实践操作中进行了观察体验后，便会获得观察的真实感觉，也会记得观察的方法与步骤。而这样的观察训练是不需要过多强调观察意义的，学生会逐渐形成观察的习惯，使得在实践中逐渐获得观察能力。

实践观察

当学习者处于前面提到的静物观察或者动态观察状态下时，学习者本身的肢体是相对静止的。而在实际生活中，观察与发现通常处于学习者自身的活动状态下而随时产生。如果能够有效而充分地运用这样的时机让学习者自主进行观察与反复尝试，就能够很好地提高学习者的自主观察和全面思考的能力。

例如，秋季的一天，在美国的一所幼儿园的活动课中，教师把孩子们带到一个放有模拟厨房设施的环境里，其中包含橱柜、盘子、碗等，允许孩子们两个人一组自由使用这些厨具进行活动。我们看到有两个孩子盛了满满一大盘子落叶（把落叶当作食物），然后俩人配合着，小心翼翼地将盘子抬到一个微波炉前，打开微波炉的门后，将盘子送入。此时，他们却发现盘子太大了，无论怎样变换方向都不能将盘子送入，微波炉的门也不能关上。于是，他们抬着盘子走向另一个微波炉进行尝试，发现依然不行，于是再换、再试。在经过几次的尝试都没有成功后，他们决定更换一个小一点儿的盘子重新装满落叶，然后对刚才尝试过的微波炉进行了一下对比，确定后再次送入，终于成功地将装满落叶的盘子放入了合适的微波炉中，他们欣慰地舒了一口气，快乐地关上了微波炉的门。

这个过程帮助孩子在实践操作中进行观察与比较，提升了对原有计划进行全面分析、估测与思考和判断的多种能力，真正促使孩子们在游戏中有所收获，发挥了游戏的最大价值。

第三节　记忆力与心智能力

当学生具备注意力与观察能力后，我们开始关注学生记忆力的培养。这是学生大脑储存信息的功能。在注意力高度集中、观察细致的基础上，个体将信息存储于大脑当中，便于今后提取信息奠定良好的基础。

培根曾经说过，一切知识都只不过是记忆。也有人认为，学习的过程就是30%的阅读理解加上70%的知识点记忆。

我在前面的内容（P29）中提到过，美国神经生理学家罗杰·斯佩里的研究表明，左脑是普通脑，右脑是天才脑，天才与普通人的根本区别在于，天才在有意无意中很好地开发和利用了右脑。

在日常生活中，大多数人的左脑利用率比较高，而右脑的功能没有被充分发挥。一些脑科学研究者发现，人的左脑负责管理语言，也就是用语言来处理信息，把进入脑内看到、听到、触到、嗅到及品尝到的信息转换成语言来传达，相当费时。左脑是理性分析判断脑，主要控制着知识、判断、思考、推理等，和显意识有密切的关系。与之相反，右脑与时间顺序、线性或语言信息的处理都没有关系。在右脑中，最重要的是空间思维。一个人的想象力、创造力和形象思维能力都取决于其右脑的发达程度。如果说左脑主要处理数字信号，那么右脑负责的就是模拟信号。一件事物的全貌才是右脑关注的焦点，而不是任何具体的细节。换言之，右脑看到的是整片森林，而不是其中一棵一棵的树。

日本右脑开发专家七田真研究的结果表明，左脑是一种"劣质记忆"，不管记住什么很快就忘记了，右脑的记忆则让人惊叹，它有"过目不忘"的本事。这两种记忆力简直就是 1∶100 万，左脑记忆实在没法和右脑记忆相比。那么什么是培养良好的记忆能力最好的办法呢？办法就是左右脑结合、协作记忆，也就是经过左脑的分析简化后，利用右脑的心像记忆来存储信息。

发挥右脑记忆功能

依据大量的研究结果，人脑所储存的信息绝大部分在右脑中，并在右脑中正确地加以记忆。右脑具备的图形、空间、绘画、形象的认识能力就是我们常说的形象思维能力。如果将右脑具有的直观的、综合的、形象的思维机能发挥出巨大的作用，将会提高记忆的效率。

发展听觉形象记忆

我们大脑的构造是：声音通过听觉区到达大脑的深层部分，神经回路打开。耳朵的能力和振动音一直为人们所忽视，但事实是它们是能力开发最重要的工具。如同汉字"聪"的组成一样，"耳"占据了"聪"字的一半，表示听的能力对人的发展起到重要的作用。

前面在培养听的注意力部分中我们提到，以让学习者重复语言内容为方法吸引听的注意力，实际上也是在同步培养听的记忆能力。我们希望学习者能够在听完一句话或一段话之后按原意复述内容，逐渐达到复述完整的效果。在练习过程中还可以加进听辨声音的练习。例如：听不同动物或者乐器等的声音，然后根据发出的响声选择出相应的对应物，以此帮助学习者提高听觉的接受和辨别各种声音的能力，增强听的记忆力和听知觉的广度。

另外，依靠音乐记忆节拍也是很有效的记忆方法。有这样一个事例：1982年，北德克萨斯大学的研究员对研究生们进行了一个三段式测试，以观察音乐是否对记忆单词起到任何作用。学习者们分成三个小组。每个组进行三项测试——前测、后测及两项测试后一周的测试。被试都是相同的。第一组伴随着 Handel 的水上音乐朗读单词。同时，也要求被试想象单词。第二组也伴随着 Handel 的水上背景音乐朗读单词，但他们无须想象单词。第三组只需朗读单词，没有背景音乐，也无须进行想象。在前两项测试中，结果显示第一、二组的成绩大大高于第三组。一周后的第三次测试里，结果显示，第一组的成绩大大高于第二、三组。然而，简单使用音乐学习并不能保证绝对奏效，但也可能增进学习效果。背景音乐本身并不是学习程序的一部分，但随着学习信息也一并走进学习者的记忆里。回忆时使用与学习时相同的背景音乐会使记忆效果更好。并且，节拍是音乐记忆效应的关键因素。

有人说，中国的每一个方块字本身就是一幅画，因此，每一个字都代表着一个意思，可以激发人的空间想象力，开发大脑的功能。那么，如果将不同的字连接成一段文字，我们就会发现这将构成一大幅画面，而且这画面是连续的、活动的。当学生具有很强的听的记忆能力时，我们便可以引导学生边听边将内容转化为画面协助记忆。这样就可以将原本的语言文字通过听这个媒介在大脑中转化为连续的活动画面进行记忆，回忆时再借助大脑对画面的回放转换为文字进行记忆，这样的两个脑内转化过程可以帮助学习者记住语言文字内容。

例如：在指导学生背诵"蝴蝶谷里的景色非常迷人。有的山谷里只有一种黄颜色的蝴蝶，在阳光的照耀下，金光灿灿，十分壮观。有的山谷里有几种蝴蝶，五彩缤纷的蝴蝶上下飞舞，就像谁在空中撒了一把五颜六色的纸片，随风飘来，又随风飘去"一段内容时，我们只给学生读两遍这段话，要求学生只是专注于听，完整地记录听到的声音，然后让学生闭上眼睛，把听到的语言转化成画面浮现在眼前，这一过程如同将人置身于情境之中，有亲临之感，然后在脑内再听，再次在脑内复现声音，最终将这段文字默写下来。我们惊奇地发现：学生在短短的时间内是可以将听到的内容无差错地记录下来的。

发展视觉形象记忆

大多数人在记忆的时候通常是将眼前的情景的大致轮廓以模糊的图像存入右脑，就好像录像带的工作原理一样，大量的信息都是以某种图画、形象，如同电影胶片般记入右脑的。被人们称为天才的爱因斯坦曾经说过，他在思考问题时，不是用语言进行思考，而是用活动的跳跃的形象进行思考。当这种思考完成以后，他要花很大力气把它们转换成语言。由此可见，我们在进行记忆或思考的时候，首先需要右脑通过非语言化的、将信息以录像带的方式记录并描绘出具体的形象，再传输给具有很强的工具性质的左脑，由左脑负责把右脑的形象思维转换成语言。

特别需要说明的是，学前儿童的记忆起步练习可以运用更加形象的实物或图片进行，例如记忆小动物、水果、物品等。可以寻找消失的小动物或物品等游戏形式呈现，既有趣味性又能培养记忆能力。

在记忆训练过程中，如果学生不具备视觉记忆的感觉，是不会进行有意记忆的。例如，我们在最初练习时给学习者一副实物图片，图片出现几秒钟之后消失，然后请学习者依靠记忆描述图片的内容。在引导学习者记忆这张图片时，我们通常希望学习者在短暂的时间内先将图片像拍照一样整体印入大脑，运用右脑的整体记忆功能记住图片；然后在左脑的配合下有逻辑地分析图片结构，并转化成语言描述出来。如下图所示，图片分为上下两行，第一行从左到右有三个水果，分别是橙子、苹果、橙子；第二行从左至右也有三个水果，分别是橙子、橙子、苹果。

当学习者掌握记忆的方法后，我们将图片内容进行变化，丰富其内容与数量，再继续这样的练习，以帮助学习者增强脑内识别的清晰度。之后再将图片变化为几何图形组合及数字与文字等内容。

在观察与记忆能力的提高训练中，我们特别设计了这样的训练内容：我们在学习者具备观察能力的基础上，先出示其中一张图片让学习者先进行观察区域的划分，然后按照划分的观察区域逐步进行仔细观察，而后使图片消失，再在大脑中自我复现所观察到的内容。接着，再出示另一张图片让学习者按照同样的观察区域进行对比观察，依据后出示的图片内容说出与前一张图片的不同之处。这样的过程会在无意间要求学习者整体记清前一张图片的内容，体验将图片作为整体记忆的方法，在对比中帮助学习者进行复现式记忆体验。这样反复 5～6 次，学习者便可以掌握按照区域划分的记忆方法，同时锻炼学习者更加敏锐的观察能力和快速清晰的记忆能力。我们惊奇地发现，只要是学习者采用区域划分记忆方法识记过的内容，再复现时依旧是清晰的。

多年以来，在我国的语文课堂教学实践中，特别是低年级识字能力的培养就是借助图像记忆来完成的。许多教授识字课程的教师采用了结合实物、图片等方法，帮助学生把字的形与义结合起来识记。这样，每一个文字就像与每一个实物或每一张图片相匹配的符号，很容易被学生接受。例如，日、月两个字就可以让学生依据甲骨文的图像，结合太阳和月亮两种实物进行记忆。

在美国，我接触了许多美国学生和美籍华人的后代，他们通常像画画儿一样来写汉字，虽然笔顺不对，但写出来的整体字的模样大体是正确的。这也证明图像记忆方法有助于增强记忆的效果。

例如，在教美国学生识记"聪"字时，我们通常将这个字转化为形象方式帮助学习者整体观察。也就是通过对字形的分解，形象地告诉学习者，人如果做到"聪明"，关键在于听得准确，看得明白，想得清楚，表达正确。这样一来，学生既记住了字的形状，同时记住了字的内涵，不仅加深对中国文化的认识，同时得到思想上的启迪。

耳 ——— 听 ｜ 总 ⋯⋯ 看
说
想

近几年来，许多研究者在英语单词识记过程中也采用了形象记忆研究，将单词形象化，与图片对应识记，均收到良好的效果。

在体育教学中，教师在训练学生的跳远技能时，通常发现当讲解完动作要领之后，学生依然不能很快将技能落实在自己的行动中。于是，我们组织学生观察跳远分解动作的示范后，并不急于让学生实践，而是要求学生反复在大脑中回忆看到的分解示范动作，直到大脑中的图像十分清晰为止。这之后，再请学生按照脑中的记忆画面进行操作，发现学生从起跳到空中腾跃，最后落地的全套动作都与示范相近，完成动作的成功率也大大提高。这一方法已经在一些国家培养体操运动员的过程中被运用。

北京第二实验小学魏彦斌老师运用了这个方法训练四年级学生练习跳远。课前，教师对学生的跳远基础进行了测试，然后仅仅经过一节这样具体方法的指导课，就有 18 人提高了跳远成绩。这个班共有 36 人，与训练前的初测成绩对照，其中 6 人提高的幅度是 5 厘米，6 人提高的幅度是 10 厘米，3 人提高的幅度是 15 厘米，2 人提高的幅度是 20 厘米，1 人提高的幅度是 38 厘米；18 人保持原来的水平；1 人没有参加训练后的测试；整体没有出现降低成绩的现象。这个提高过程不仅是跳远表现出的现象，更重要的是学生心态以及观察、记忆、再现和转化为行为能力的提升过程。

发展感觉记忆

古代的"盲人摸象"的故事清楚地证明了人是可以依靠触觉的感知进行良好记忆的。世界上有很多记忆力超强的人，他们很多时候都是运用感觉记忆的。在日常生活中，我们完全可以帮助学习者充分体验对事物产生的感觉进行记忆。

例如，我们经常会因为事务繁忙而忘记一些事情，当我们静下心来回忆时，就会沿着自己的内心感觉去捕捉线索，最终唤起记忆。因此，启发并借助自身内在的感觉帮助记忆也是十分重要的记忆方法。

这种感觉记忆体验通常在操作实践过程中，伴随着行为与现实出现的情绪、触觉、味觉等知觉同时存在，它们会彼此支撑，相互提示，从而使我们加深对事物的记忆。

例如，我们在帮助学习者培养感觉记忆能力时设计了这样的环节：蒙上学习者的双眼，然后以触摸的方法了解周围的环境与相关实物。当将眼睛睁开后，再依据触觉记忆或者凭借触摸时的感觉去判断，找出指定的物体或者方向等。这样便丰富了记忆的方法，学习者可以采用多种形式进行记忆，提高记忆的能力与记忆的质量。

发挥左脑记忆功能

综上所述，记忆的关键不在于储存，而在于提取、检索。关键是能把记下的内容准确地回忆出来。将右脑储存的形象的信息经过左脑进行逻辑处理，变成语言的、数字的信息，这个过程就是思考的全过程。或者说思考的过程是由左脑一边观察、提取右脑所描绘的图像，一边将其符号化、语言化。把记的内容牢固地储存在脑海里，适当的时候快速地把这些内容提取出来就是记忆的完整过程。

虽然人们的右脑可以储存大量信息，但是必须经过左脑语言的描述和逻辑的加工才具有最终的价值。生活中有一些人被称为"闷葫芦"，就是说这些人通常心里明白却说不出来。实际上，并不一定是他们不喜欢表达，而是心里的感受没有很好地被转化为语言描述，大脑没有很好地进行区域沟通。

伟大的科学家尼古拉特斯拉的思维特点是：当他开始考虑什么的时候，眼前就会闪动亮光，随之心像便出现在脑海。这种能力在他一生中从未消失过。他说，在进行发明创造时，经常不要说发明物的模型，就连草图还没画、实验还未做的时候，他就已经能清清楚楚地看见出现在自己大脑中的完成品的形状。但是，如果尼古拉特斯拉在右脑产生心像之后没有将这些心像内容逐渐梳理、描述出来，就不可能把他的思考过程呈现在人们面前了。这就是左脑功能的作用。

前面（P30）已说过，根据罗杰·斯佩里的理论，左脑只能看到一棵一棵的树，却无法看见整片森林。因此，在前面讲到认识右脑记忆功能的内容中，我们所列举的一些案例都提到当右脑产生清晰图像后，左脑开始发挥对其进行线性的、细节的梳理，并将形象转化为语言的作用。左脑思维主要指的是富有分析性的、依序处理信息的思维模式，所以，我们在发展学习者发挥左脑功能时，通常是在右脑形象的帮助下，引导学习者分辨确认事物的方位，事物的排列顺序，以及关注事物的细节特点。

特别需要关注的是，帮助学习者在回忆时局部放大脑内的图像，使之清晰度更加细化，然后以引导的方式进行记忆梳理，寻找恰当的语词比较准确表达。这一过程就是将右脑的形象记忆图像转化为细致的语言描述训练，以最终做到既看到整片森林又可以走进一棵一棵的树。

将右脑中的形象转化为语言文字也是需要特别练习的。在研究过程中，我们经常发现许多孩子的大脑中可以产生丰富的画面，但是说出来的内容却极其简单。于是，我们需要在此时对学习者进行启发与追问。比如，当学习者告诉我们他大脑里的画面是一片大海，我们便追问："海是什么样的？有多大？什么颜色？海面如何？海上还有什么？……"如此一来，孩子的思维变化调整到关注大脑中形象的细节方面，渐渐地将画面以语言表述的方式呈现出来。在这之后，再引导学习者将转化的语言以文字的方式写下来。许多学习者发现，写出来的内容比原来脑内思考的内容更加丰富与清晰了，语言的条理性也会进一步进行增强，变得更加流畅与美妙了。

回忆上述内容，我们在进行记忆训练的过程中，在初期阶段通常主要采用以图片形式帮助建立记忆的方法。在课堂教学中，教师们不断地采用多媒体形式进行教学，其目的就是帮助学生运用多种感官参与学习，尤其是加强视觉记忆的效应。

但是，如果学生不具备各种记忆的感觉是不会有意记忆的。因此，在课堂上，我们特别设计了这样的记忆体验训练。我们在学生具备观察能力的基础上，将训练的难度提高，突出记忆的过程体验。

第四节　联想力与心智能力

联想能力与联想体验

在记忆的过程中，与之相伴的认知能力就是联想，尤其是在富有逻辑关系的记忆过程中，联想能力的强弱起到了至关重要的作用。

在顺延观察能力的训练后，我们有意设计下面的环节，以帮助学习者在观察与记忆的基础上，逐渐过渡到联想环节，体验事物之间微妙的内在联系，这样在学习者主动操作的过程中学会联想的方法。

例如：我们同时出示两幅图片让学生进行对比，从中发现不同。而在培养记忆能力训练时，我们先出示其中的一张图片让学生进行仔细的观察，而后让图片消失，在脑中自我复现所观察到的内容。接着，再出示另一张图片让学生进行观察，依据后出示的图片内容说出与前一张图片的不同之处，这就是在帮助学习者体验前后两张图片信息的关系，回忆第二张图片时一定要联系第一张图片的信息，也就是联想的最初模式。

这样的过程会在无意间要求学生整体记清前一张图片的内容，体验将图片作为一个整体记忆的方法，在对比中帮助学生进行记忆体验。这样反复5～6次，学生便可以掌握似照相机拍照式的记忆方法，同时锻炼学生更加敏锐的观察能力和快速清晰的记忆能力。我们惊奇地发现，只要是学生采用表象的整体记忆方法识记过的内容，再复现时依旧是清晰的。与此同时，联想的初期训练也在这个过程中显现出来了。

普希金曾经说过：我们说的机智，不是深得评论家青睐的小聪明，而是那种使概念相接近，并且从中引出正确的新结论来的能力。其中"那种使概念相接近"的能力就是联想力。通俗地说，就是由一个事物想到另一个事物的能力，它是一种极其重要的心理活动。客观事物的普遍联系，是唯物辩证法的基本法的基本范畴。事实证明，世界上的每一个事物或现象都同其他事物或现象相互联系、相互制约、相互依赖、相互转化，任何事物都不能独立存在。这是一切事物或现象所共有的本性，需要我们从事物的种种联系中开始去寻找、发现那些本质的、规律性的联系，从而认识事物的本质。联想就是这样一种思维方法，它是事物普遍联系规律在人们的头脑中的一种反映。联想能力是一种多因素的综合性能力，联想思维是联想能力的核心。

心理学家把人们的认识过程一般分为感知、理解、巩固、应用四个基本阶段。感知是认识新知识的起点，理解是认识过程的中心，巩固是暂时联系的加强，应用是认识的继续和深入，也是认识的最终目的。人们以感性认识为基础，上升为思维，可以把外形、品质不同但本质相同的事物归纳为一类。而学习者的学习过程与人们的认识过程也是一致的。联想思维属于思维范畴，具有思维的一般特点。

在数学课堂教学中，有这样一个案例（石海平老师提供）：在一个浅水湖里，有一群乌龟和仙鹤。数出它们共有头100个，腿260条。乌龟和仙鹤各有多少只？

这道题是我们在课堂上讲过的鸡兔同笼问题。教材和练习册上都提供了现成的表格，学生只需在表格内填数，进行尝试、调整。而在期末考试的试卷中没有给出表格，学生需要自己动手画出表格，并且分析表头需要的数据，难度水平提高了，但孩子们做的效果很好。只有一个孩子不会。这个过程就是一个联想与迁移的过程。

从心理学角度来考察，联想是由一事物想到另一事物的心理过程，也是记忆的再现过程。一般地说，记忆经过一段时间会变得模糊，甚至消失。但暂时消失的记忆受当前事物的刺激会再现出来，把当前事物与过去的事物有机联系起来。起这种作用的主要是联想，联想可以唤醒沉睡的记忆，产生新观念。上述这个教学实例刚好证明了这一观点的阐述，学生的联想能力是认识事物不可缺少的基本能力之一。

联想是人们的正常思维活动，平日里的联想往往是自然出现的，有很强的随意性，不一定是有意义的，大多数处于散漫无序的状态，但在学习中，联想却是思考问题、解决问题的出发点。

美籍匈牙利数学家波利亚曾说，在解题活动中我们要设法"预测到解，或解的某些特征，或某一条通向它的小路"。"回忆起某些有用的东西，把有关知识动员起来"。而这种预测就离不开联想，如果在思考问题时通过联想产生这种预见，我们把它称为有启发性的想法或灵感。生活中，人们因为联想产生创造，飞机、潜艇的发明就是从鸟的飞翔、鱼的沉浮，经过联想反复试验而获得的。联想能力与学生的知识是联系在一起的，知识较丰富，联想能力自然就强、联想的范围也广阔。

无论是我们中国的语文还是美国的语言教学中，阅读和写作都是重要的组成部分。既然联想与阅读和写作的关系如此密切，那么，联想也自然成为学习者学习、运用语言知识的一个重要条件。事实上，学习者的信息积累是成就联想的基石，没有相应的信息素材就难以激发联想；而没有联想，学习者所学的知识就不能得到迁移，也不能学以致用，因而没有"新得"。要有"新得"，就要在理解和揣摩文学作品的基础上展开联想，进而在联想的基础上进行比较，品味其表现手法的多种多样和高低优劣，这样才能使学习的收获得到加深和拓展，进入新的创造性境界；没有联想，学习者写作时就思路阻滞，难以下笔，即便写出，也是思想模式化，内容贫乏，语言干瘪。因此，无论是从现代语言教学的目的，还是从现代心理学的学科渗透而言，培养和训练学习者的联想能力都是极其重要的。

联想过程体验的具体操作

教学实践让我们清楚地看到：学习者的信息素材积累越多，联想就会越丰富，联想越丰富，思维就会越敏捷。

我们在初期培养学习者联想能力时会这样引导：给出一个"0"，然后请学生说一说："你想到了什么？"最初，学生大多回答"我想到一个数字零"或者说"想到一个英文字母O"。但继续询问后，就会得到更多的答案，如"想到一个铁环""想到一根皮筋""想到一个面包圈"……这样进行的环节便是联想的最初阶段，这期间学生所提到的"想到"实际上就是根据所给图形的形状联想到的一些事物。

接下来，我们引导学习者进行连续的或跳越式的联想。比如：我们引导学生由"0"联想到鸡蛋，再继续联想，就会得出"刚孵出的小鸡"，等等。在课堂教学中，我们也会经常发现一些学习者的思维极其跳跃，说明他们在表达时省略了中间联想的过渡环节，但一旦请他们将完整的联想过程表达清楚，就会发现他们的思维富有更强的拓展性与创造性。这样的过渡式联想训练可以帮助更多的学生了解如何进行联想的过程，渐渐产生联想意识，最终形成联想能力。

接着，我们增加联想训练的难度。我们给学习者提供三个同样大小的圆，然后请学习者用这三个圆任意进行组合，看看学习者怎样将其组合成一种事物。此时学习者的联想能力便会发挥作用。他们有的会联想到"人的脸""红绿灯"等，一时间唤起学生对生活的记忆，在这一过程中学会筛选与判断信息。

在图形联想训练后，我们还在训练中设计了这样的联想练习：将"天空与茶水"这两种看似毫不相干的事物联系在一起，我们发现，有的学生想到：茶水是用来喝的，只有口渴才喝，为什么渴，是因为太热了，热的原因是天空的太阳照射引起的。于是学生写出："天空—太阳—炎热—喝水—茶"；还有的学生写出："天空—明月—赏月—品茶—茶"等答案。这样自然而又合理的联想首先取决于学习者自身拥有的信息材料丰富程度，学习者在生活实践中注意多观察，多积累多种感受，才能做到发现截然不同的事物之间的相互联系，发展更具有广阔性的联想能力。

在这之后，我们还可以指导学习者进一步发现一些事物的主要特征，由此展开联系，将联想扩大，引发想象，付诸创造。

第五节　想象力与心智能力

想象力是创造力的前提。正如爱因斯坦所言：因为知识是有限的，而想象力概括着世界上的一切，推动着进步，而且是知识进化的源泉。化学史上曾记录了化学家凯库勒创建苯环结构的传奇故事。凯库勒早年受过建筑师的训练，具有一定的形象思维能力，他善于运用模型方法，把化合物的性能与结构联系起来，他潜心钻研当时有机界的难题——苯分子的结构。1864年冬天，他的科学想象使得他获得了重大的突破。他是这样记载这一伟大的创造过程的："晚上，坐下来写我的教科书，但工作没有进展；我的思想开小差了。我把椅子转向炉火，打起瞌睡来了，原子又在我眼前跳跃起来，这时较小的基团谦逊地退到后面。我的思想因这类幻觉的不断出现变得更敏锐了，现在能分辨出多种形状的大结构，也能分辨出紧密地靠近在一起的长行分子，它盘绕、旋转，像蛇一样地动着。看！那是什么？有一条蛇咬住了自己的尾巴，这个形状虚幻地在我的眼前旋转不停，我像触电般地猛然醒来，花了这一夜的剩余时间，作出了这个关于苯环结构的假想。"于是，凯库勒首次满意地写出了苯的结构式，指出芳香族化合物的结构含有封闭的碳原子环，它不同于具有开链结构的脂肪族化合物。苯环结构的诞生，不仅是化学发展史上的一块里程碑，也是想象创造历史的典型。对其所取得的成就，凯库勒认为："让我们学会做梦、学会想象吧！那么，我们就可以发现真理。"凯库勒的想象力并非是天生具有的，这与他丰厚的知识积累及对问题的执著追求密不可分。在科学史上，想象力创造奇迹的例子屡见不鲜，如道尔顿原子论、门捷列夫元素周期律、卢瑟福原子模型、玻尔原子轨道模型等，都是大胆想象的结果。

想象力培养的具体操作过程

积累丰富的表象信息

想象力不是科学家的专利，它与我们的日常生活和工作关系密切。要形成良好的想象力，首先要引导学习者学会积累丰富的生活经验，因为想象力来源于客观现实，来源于生活实践，丰富而深厚的生活积累是想象力的物质基础。

爱因斯坦在创立"相对论"时，就是借助想象中的理想实验——"追光实验"来完成的。想象力同人的知识结构密切相关，只有储备了丰富的知识信息，建立了合理的知识经验，想象和联想才可能开阔深邃。想象是人们头脑中原有的表象经过加工改造和重新组合而产生新的形象的心理过程，是一种高级复杂的认知活动。形象性和新颖性是想象活动的基本特点，它主要处理图形信息，以直观的方式呈现在人们的头脑中，而不是以词语、符号，以及概念等方式呈现。

科学研究证实，表象是一种普通的心理现象，人们感知过的某一事物，其形象常常会在头脑中以痕迹的形式保留下来，以后这种事物虽未出现，但在一定条件刺激或影响下，它的形象仍会在头脑中再现，这就是表象。表象是在知觉的基础上形成的感性形象，通常体现为记忆效果。因此，我们在前面所提到的观察力与记忆能力的训练都是在帮助学习者积累表象信息的过程，是培养想象力的基础能力。

在这个表象信息积累的过程中，我们更提倡学习者要借助多种方位、多种形式及多种感官参与的感知，如运用实物、模型、图片、操作等途径，在学习者头脑中建立正确而丰富的表象。

有人认为知识的积累十分重要，于是便从孩子很小的时候教学课本的知识。也有人认为孩子应该在儿童时期多玩耍。其实这两个观点各有道理，结合发展才能帮助学习者正确发展。

我们跟踪了一些数学能力较强的学习者，发现他们多是借助实物开始认数，发现数之间的关系的。例如，他们最初认数时，大多是通过不断地数一些小棍儿、积木块、小圆片和手指头等，依靠实物渐渐地形成了数的概念，然后过渡到用数字表示这些实物数量。但是，在他们的大脑潜意识中，数永远依靠相应的实物而存在。而另一些直接以数字开始学习数学的学习者通常后期对数学中的数量关系的理解不够清晰，因为他们认识的只是抽象的数字，这些数字在头脑中是固定的，而非活动的实物。因此，表象的积累是思维形成的基础。

例如，在教学"圆的周长和概念"时，有的老师提供了这样的教学方法：为了帮助学习者形成"圆周"和"圆面"的表象，教师找来一个圆的实物模型，在圆的外围绑上一圈彩线，这样圆的周长就可以显现出来，学习者便可以直接而清楚地看到。然后再用手指沿着圆周边缘触摸，通过触觉让学习者感知圆的周长是一条封闭的曲线。接着再让学习者伸开手掌对圆的表面用手摸一摸，获得"平面"的感觉，使学习者感知到圆的面积是指封闭曲线内部平面的大小。然后再引导学习者在自己的圆的实物上用彩色笔描绘出圆的周长，用阴影部分表示出圆的面积。最后再让学习者对圆周长、圆面积进行比较，加深印象。这样通过观察、触摸、画图、比较等活动，使学习者在充分感知的基础上来获得具体的圆的周长和面积概念的表象，在以后计算圆的周长和面积时，学习者头脑中就会浮现出"圆周"和"圆面"相应的表象，建立起圆的周长和面积的空间观念。

以表象为基础，引发联想和想象

形象思维实质是人们的直觉和经验的应用，人们对这种直觉、经验的研究工作刚刚开始，还没有上升为系统的科学理论，但可以说，以表象为基础，进行联想和想象，是形象思维的主要方式。经过形象的概括加工，能够达到识别事物本质，并进行再造性和创造性的想象活动，是人类思维的重要方式之一。

例如，我们首先为学习者提供一些可运用的事物材料，允许他们随意地观察与发现，然后根据自己的需要进行材料的运用。

我们发现这样一些情况：第一部分学习者只是将提供的每一样材料都随手摸一摸，或者拿起来看看，然后放回原处；第二部分学习者随意地将所给材料摆放成一个图形，或者搭叠起来；第三部分学习者在仔细观察每一样材料的基础上，将这些材料组合在一些，摆放或搭叠出一个图形。

在任务完成之后，我们咨询了不同的学习者的思维过程。第一部分学习者回馈的信息是没有发现什么，不知道这些东西是做什么用的；第二部分学习者的答案是一看到这些材料，就很想摆个图案；第三部分学习者认为这些材料之间是有一些关系的，可以按照它们之间的关系组成新的形状。

三部分学习者的答案分别表示出三种不同的思维方式，而且形成了思维的梯度。当然，第三部分学习者的思维最能表现出思维的深刻性。这个过程就是学习者的观察能力、联想能力与想象能力，甚至是创造力的思维过程。

由此可见，表象的形成虽然离不开感知，但它一旦形成，就能摆脱感知的局限性，而具有自己的独立性和灵活性。形象思维从本质上讲也可以说是表象的运用和发展。我们可以通过运用表象来展开丰富的想象活动。

爱因斯坦说过：想象比知识更重要，因为知识是有限的，而想象力概括世界的一切。不过，想象的水平是以一个人所具有的表象和质量的情况为转移的。表象越贫乏，其联想和想象越狭窄、肤浅；表象越丰富，其联想和想象越开阔、深刻。所以开展联想和想象活动也是训练学生形象思维的重要手段。

因此，前面的观察力与记忆力等能力的培养就是在进行表象信息的积累，然后在大脑中形成形象，逐渐培养成为一种形象的思维。

想象的表现形式

人的想象可以分成无意想象和有意想象。无意想象是一种没有预定目的、不自觉的想象，例如做梦，在人的头脑中偶然冒出的不由自主的联想等。有意想象是按照一定的目的，自觉进行的想象。这里又可分为再造想象和创造性想象。

发展再造想象

再造想象是根据言语的描述或者图样、音乐等提供的示意，在人脑中形成相应的形象。例如，人们听故事时，在语言的提示下，人们可以在头脑中把故事中的情节想象得如见其人、如闻其声、如临其境。我们在进行想象力培养时让学生把听到的故事用图画的形式表现出来，发现学生均能把握故事的主旨内容，但在细节上却出入很大，这就证明了学习者在理解故事的同时，结合个人的认知情况进行了再造想象，产生了不同的形象。

又如，我们会让学习者根据一张图画进行想象，并用语言进行描述，发现学习者能够超越画面与时空的局限，想象出画面以外的内容，形象地理解不能直接感知的事物。可以根据一定的目的、任务，在头脑中创造出新颖独特的新形象的心理过程。

发展创造性想象

实践证明，想象与思维不同，例如在预见事物的发展时，想象的预见是以具体形象的方式出现在头脑中，而思维的超前反映是以概念的形式出现在头脑中。这是两种系统，一种是形象系统，一种是概念系统。想象与思维又密切相关联。想象与思维是一种交叉关系，思维过程中有想象，想象过程中有思维，二者联系密切。然而无论想象还是思维，都仅仅依赖于人的头脑中储存的丰富的形象进行。

想象具有对事物发展的预见作用，对人的智能活动具有定向作用。在人的劳动或创造中，如果没有预先想象出劳动的成果，就不会有目的地进行某项工作。即使做一张桌子，也要事先想象出桌子的形状。就是说在智能活动开始之前一个人就能想象出活动的过程和活动的结果。

正如马克思所说的：蜜蜂建筑蜂房的本领使人间许多建筑师感到惭愧。但是，最蹩脚的建筑师从一开始就有比最灵巧的蜜蜂高明的地方，是他在用蜂蜡建筑蜂房以前，已经在自己的头脑中建成了。劳动结束时得到的结果，在这个过程开始，就已经在劳动者的想象中存在着，即已经观念地存在着了。

年轻时的爱因斯坦常常醉心于这样的想象：假如我骑在一束光上，去追赶另一条光将会产生什么现象呢？后来，爱因斯坦终于以创造性的想象和思考创立了"相对论"。

在进行自由想象的训练过程中，三年级学生黄子豪能够结合自己的生活体验与感悟现场写下这样的诗句：

山 庄

鸟语花香如仙境，
绿树成荫像卷帘。
天空阳光多灿烂，
人间欢歌笑一片。

这首充满稚气的儿童诗包含了孩子对生活的认识与理解，更加可贵的是，其间存留了孩子对生活的向往与期待。可见，想象力与创造力是相互联系的，只有具备一定的想象力，才有可能进行创造。

在训练过程中，我们发现训练前更多的学习者的想象力只停留在事物表面，缺乏想象的深刻性。一方面是由于知识水平有限，表现能力不强；一方面由于缺少方法指导。

实践证明：想象力与创造力的培养是结伴而行的，想象是创造的基础。

例如，我们在训练时指导学习者进行这样的练习：首先给出确定的想象目标——想象未来世界汽车的样子。在想象之前引导并帮助学生一起回忆现实生活中汽车的样子，而后找出认为可以改进的地方即存在的不足，就此进行改造，大胆提出个人见解。

我们在培养学生的创造性想象力的过程中对学生进行了三个步骤的指导：

1）确定想象目标；

2）想象要在原有的思路和结果上有所突破；

3）想象要在分析原有结果的基础上发现问题，从此处入手找到解决问题的方法。

训练后，我们发现学习者的想象空间被打开，有的说："汽车在山道上拐弯行进时经常会与对面来的车相遇，躲闪不及就会发生车祸。我们可以在车中制造一种感应器，在距对面来车大约 200 米左右时亮出信号，这样会避免撞车。"有的说："城市中有的路段狭窄，经常塞车，如果车内有自动升空的装置就可以使汽车像飞机一样飞起来，充分利用空间行进，减少地面拥挤现象。"还有的说："由于车的体积过大，在胡同等狭窄道路行进的车辆不能相让，可以把车体改装成可伸缩的，这样当路面变窄时，车就可以适当变窄、变小，就会减轻路面拥挤现象。"虽然实现这些设想需要更多的专业技术支持，但这些设想的确是一种现实的创造生长点，是孩子们头脑中已经预留的创造雏形，一旦它们羽翼丰满便可展翅高飞，将理想变为现实。

总之，想象力的培养有助于学习者创造力的发展，能更好地发挥学习者的潜在能力，为创造力的培养奠定坚实的基础。

创造性想象力是创造性思维的主要组成成分，也是从事创造性活动的一个必不可少的重要组成部分。新颖性、独立性、创造性是它的本质特征。创造性想象的过程在一定程度上就是形象思维的过程，而形象思维的发展以表象为主要材料，这也是我们前面进行的多种能力培养的原因。因此，通过训练可以提高和发展创造性想象，必然会促进学习者思维能力与心智能力的发展。

我们在研究诗歌中的创造性想象力时，主要是根据作者在头脑中产生表象后引发了创作的灵感，通过简洁的语言、巧妙的比兴，塑造出真实、自然而生动的形象，描绘出亲切感人的生活画面，抒发作者的情怀，反映作者的内心世界及大胆的、超越现实的想象。

以下是我们进行诗歌中创造性想象力的过程汇报：

（1）实验研究

a. 被试选取：北京育才学校六年级一个实验班60名学生，男、女生人数大致相等。

b. 实验设计：单因素实验设计，表象训练教学方法（音乐放松+语言+内视表象想象训练）。

因变量：诗歌中的创造性想象力。

c. 实验程序与步骤：前测—训练—后测。

对被试进行实验前后诗歌创造性想象力的测验，我们对训练学生创造性想象力的测评是通过诗歌创作后的作品分析法进行的。前测诗歌创作是通过学生自由命题形式进行的，并按自己理解的诗歌形式进行大胆创作。后测的诗歌创作，是通过训练后也是自由命题形式进行的。只是根据灵感诗歌突发性的特点，对训练后的诗歌最好的作品进行评估。根据创造性思维中的作品分析方法，我们对作品按创造性思维中的创造性想象力的评估方法进行评估，我们按所描述的内容是否新颖、别致、与众不同进行1～5个等级进行评估，5分最高，1分最低。

想象训练步骤：音乐放松+语言+内视表象想象训练。

音乐是采用宋丽波老师自创的A大调乐曲，特点是自由、舒缓；乐曲反复演奏完毕进行的时间总共是3分钟。训练前进行语言诱导想象训练，被试在倾听音乐进行放松时，提高清晰度，通过语言的诱导和音乐的倾听，脑内会出现清晰的内视表象，被试在音乐放松情景下，进行诗歌创作训练。

（2）实验结果与分析

我们对被试在训练前后的诗歌中的创造性想象力平均成绩进行统计，结果表明：训练后的创造性想象力成绩高于训练前的成绩，说明训练的有效性。

诗歌中创造性想象力实验前后的平均数和标准差

	M	N	SD
创造性想象力前测	1.95	59	1.95
创造性想象力后测	4.07	59	0.89

我们对训练前后诗歌中创造性想象力各等级评估成绩进行统计，结果表明：训练前，成绩为1、2、3等级频数居多，4、5等级的基本没有；训练后1、2等级的频数基本没有，3、4、5等级的频数居多。

说明训练的有效性见下图。

我们对训练前后诗歌中创造性想象力的平均成绩进行了比较，t检验结果表明：创造性想象力前后测平均成绩差异十分显著。$t(58) = -19.555$，$p < 0.01$；说明表象训练能十分有效地帮助小学生提高诗歌中的创造性想象力成绩。

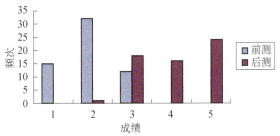

（a）训练前后测创造性想象力各等级频数成绩

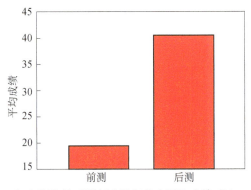

（b）训练前后测创造性想象力平均成绩对比

（3）案例分析

训练中，我一直对学生进行着细致的观察，并有意识地询问他们的内心感受。我发现，学生诗歌写作的成绩都有不同程度的提高。提高幅度与以前的学习成绩有关。我分别考察学习成绩不合格、合格、优秀的三种类型的学生通过训练发生的变化。

冬 天 到

冬天到，下雪啦，

出事了，回学校，

失误了，好冷啊！

好玩呀！好惨哪！

考试啦！挨打了！

（何云鹏训练前）

母 校

我爱你我的母亲，

我在你那梦一般的环境里生活了六年。

你经历了战火的洗礼，

从延安到了北京先农坛。

您的环境使我努力学习，

虽然我要离开你，

但我永远不会忘记你，

我亲爱的母校。

（何云鹏训练后）

假 如 我 是

假如我是石，

我愿做那在群砾之下

却能撑起大山的石头。

假如我是瓦，

我愿做一块在山脚下角落中

却能够遮风挡雨的瓦。

（王超逸训练前）

太 阳

千锤百炼蓝天见，

光芒四射人世间。

雷劈雨打浑不怕，

东出西落一变天。

（王超逸训练后）

我伟大的祖国

啊！我伟大的祖国！

鲜花、绿草点缀着你，大海、平原包围着你。

你拥有九百六十万平方公里，十三亿祖国人民。

啊！我伟大的祖国！

战士的鲜血，染红了你的各个角落。

你强壮的身躯，是钢铁铸成的。

我伟大的祖国，你辽阔、富饶！

啊！我伟大的祖国！

我爱你！

（赵星宇训练前）

生 活

生活的重复，

像循环的小数，

生活的曲折，

像婉转的正方，

生活的充实，

像可爱的同心圆，

生活的平稳，

像笔直的线段。

（赵星宇训练后）

实验前，我们对学生进行了一次诗歌创作的测验，何云鹏同学告诉我："当音乐响起时，我的大脑里是一片空白，不知道写什么。因为老师要求写诗，我就学着小时候听过的儿歌写下来了。"他在生活中不太喜欢音乐，所以对音乐的感受力不是很强，平时对生活缺少细心观察，一时间头脑中没有表象呈现，写下来的多为口号似的语言，缺少情景，没有活力和激情，更缺少自己的感悟。尤其是何云鹏的诗，看似一首打油诗，却没有主题的突现。训练后，依然没能体现表象的存在，他的学习习惯稍有改变，各科学习成绩也一直处在中下等的水平上。但是，在它的作品中，我们依然可以感受到他赋予生活的情感，比起前测中的作品，内涵有了一定的提高。

王超逸同学是班中学习成绩较为优秀的学生，只有作文成绩为中等水平。他的这首诗同样没有动感，缺少活力。调查中，他本人说："听音乐时，有很多东西出现在眼前，就是不知道怎么写。"这说明他脑中有表象存在，但是不会选择材料，没能形成新的画面，缺少创造性想象。训练后，《太阳》一诗不仅达到了合辙押韵的要求，而且充满活力。每一句都给人提供了可以想象的空间，在这首诗中可以找到一种力量，感受一组画面，得到内心的震撼。他在学习中表现积极、踊跃，课堂上联想颇多，常常提出一些独特的观点，各学科也取得了突出成绩并获数学市级竞赛三等奖，被推荐参加了小学生作文大赛，作文被录入作文选集中。

赵星宇原来就是班中各个方面成绩比较突出的优秀生，会弹奏乐器，平日的观察力很强，善于在课堂上或作文中流露自己的情感，会在日常生活中捕捉素材，这样，在她的头脑中就存有丰富的表象材料，诗歌富有个性和独特的感受。后测比前测中语言显得更加凝练，意思表达更加简洁。

通过以上的例子可以得出这样的结论：观察是形成表象的基础，之后配以记忆、联想的能力建立就是培养创造性想象能力的序曲。于是，我在进行训练前先指导学生如何观察事物，怎样边观察、边记忆、边思考，边联想，把握自己的真情实感。训练中我们加进了指导语："你听了音乐，觉得这声音像什么？你眼前出现了什么？他们什么样？你联想到什么？……"这样做的目的是帮助学生唤起以往的回忆，在头脑中形成表象，并根据这些表象组成新的画面，产生新的联想，进而创造出新的形象，从而培养学生的创造性想象能力。在此基础上，我又对学生提出了新的要求，那就是以诗的形式表达自己的情感，文字尽量做到合辙押韵。在这里就需要学生学会凝练语言，学会恰当地使用文字，使每一个字都有其分量，蕴含丰富的韵味，将感情融于简短的字句中。

经过培训，学生们开始学会观察，积累想象素材，实验的中期，学生的创作中还出现了许多富有情景的散文诗，例如：

海

我漫无目的地走在海滩上，面对着波涛汹涌的大海，背靠着高耸入云的青山，倾听着大海心中的歌。巨大的浪花拍打着岩石，扬起的浪花飞溅在我的身上，海鸥在上空自由飞翔，波涛翻滚，夜色渐浓，海面平静了，一只海船划过了海面，留下了一道道浅浅的波纹。（胡晓芬）

乡间的渴望

慢慢转动的风车，高高堆起的稻草，唱着同一首歌——乡村之歌；弯曲的小路，成群的牛羊，清澈的河水，奔跑的孩子，念着同一首诗——乡间的诗歌。

每当我想到那宁静、美好的地方，心里就有一种莫名的渴望，希望现在的城市生活也变得那样美好，希望世界不会有战争的爆发，永远那么宁静、祥和。（宁宜丛）

舞　蹈

红色的扇子轻轻地抹开，像一团团慢慢升起的火焰。蓝色的裙子随风舞起，像火焰里盛开的一朵朵小花。粉色的舞鞋活泼地跳来跳去，把一团团火焰跳成了希望，把一朵朵小花化成了海洋。啊！舞蹈，你是美丽的集合体。是你让人们有了活力，是你使人们充满了朝气。（王晓晖）

上述三篇小散文的作者感受到了音乐的魅力，产生了联想，头脑中出现了他们最熟知或最感兴趣的画面。散文中提到的"大海""浪花""海鸥""海船""风车""稻草""小路""牛羊""河水""孩子""扇子""裙子""舞鞋"都是学生在日常生活中见到过的事物，这就是表象的再现，但是经学生将它们重新组合在一起，就会勾画出新的情景，以此抒发内心的激情，尤其是《舞蹈》这首诗更给人以热情，全诗充满了活力。调查中我们得知，王晓晖同学最大的爱好就是跳舞，因此有具体的观察、丰富的情感体验。这便是创作的灵感、艺术的结晶。

实验结束时，许多学生告诉我："在听到音乐响起时，我眼前就会不自觉地出现一些画面，就有一股感情涌上来，也就能够写下文章来了。"还有的学生说："只要谁说一个事物的名字，不管有没有音乐伴奏，我都能立刻想到它的样子，或者回忆起一件事情，就像演电影似的出现在眼前。"这就是在训练中取得的效果。当创造性想象力开始形成时，便具有了创造力的雏形。

第六节　创造力与心智能力

创造力是根据一定的目的，运用一切已知信息，产生某种新颖、独特、有社会或个人价值的产品的能力。在《辞海》中创造力（creativity）被解释为"对已积累的知识和经验进行科学的加工和创造，产生新概念、新知识、新思想的能力"。这加工和创造主要依赖于演绎和归纳这两个思维的最基本的方法。归纳即"从特殊到一般"，即从种种事实实验的分析中，归纳出一个结论或规律。而演绎则是"由一般到特殊"，即在一个大胆结论后再逐步在事实实验中进行求证的过程。

创造力是每个人都有的，每个儿童都具有创造的潜能，而且儿童创造力的发展有一个关键时期。美国学者史蒂芬·利汉斯指出，"如果不能在这个时期及时加以培养，那么创造性在以后的生活中很难再被激发出来"。因此，创造力的培养要从儿童抓起。

创造力培养需要两种常见思维

创造力人才需要具备归纳与演绎这两种思维方式。归纳与演绎这两种思维实际上是相互补充与相互推动发展的。

归纳法是获得新知识的基本方法，是从个别到一般的推理方法，即从许多个别事实中概括出一般原理。人们的认识活动总是从认识个别事物开始。因此，我们在引导学习者进行心智能力训练时也是从观察、记忆个别事物开始逐渐过渡到复杂事物，发现事物之间的规律，总结解决问题方法的。因此，归纳法是人们广泛使用的基本的思维方法，在科学认识中具有重要的意义。可以说，一切科学发现，都是通过观察、研究个别事实并对它们进行总结的结果。因此，自然科学中的很多定律和公式大都是应用归纳法制定出来的。

然而，归纳法在科学认识和科学研究中并不是万能的，也有其局限性，主要表现在：归纳是以直观的感性经验为基础，因而，它不能揭露事物的深刻的本质和规律；归纳只能根据已经把握的一部分事物的某些属性进行归纳，无法穷尽同类事物的全部属性，因而得出的结论不是完全可能的，带有很大的或然性，也可能有同客观事实相矛盾的情况，这种情况一旦出现，原来的结论就会被推翻。

由于归纳法有上述局限性，所以它只有和其他思维方法，特别是和演绎法结合起来，才能成为真正科学的思维方法。演绎是从一般到个别的推理方法，即用已知的一般原理考察某一特殊的对象，推演出有关这个对象的结论。演绎推理是一种必然性推理，它揭示了个别和一般的必然联系，只要推理的前提是真实的，推理形式是合乎逻辑的，推理的结论也必然是真实的。人们把一般原理运用于特殊现象，获得了新的知识，就更深刻地认识了特殊现象。因此，演绎法是科学认识中一种十分重要的方法，是科学研究的重要环节。它不仅可以使人们的原有知识得到扩展和深化，而且能够作出科学预见，为新的科学发现提供启示性的线索，使科学研究沿着正确方向前进。演绎法在科学认识中的作用虽然很大，但也不是完美无缺的，也有其局限性，主要表现在：演绎不是推出知识的唯一方法，作为演绎出发点的公理、定律、假说等都是运用其他认识方法的结果；演绎方法的作用在于它是从一般到个别的思维运动，演绎推理的前提是对个别事物的共性和本质的判断，它本身只能揭示共性和个性的统一，不能进一步揭示共性和个性的对立。共性不能全部包括个性，个性并不全部进入共性，因此，从共性出发不能揭示个性的多方面的属性。只考察事物的共性，不考察事物的个性，只研究共性和个性的统一，不考察共性和个性的对立，就会导致人们认识上的片面性。所以，孤立的演绎本身不能正确地反映不断变化着的客观世界。

因此，结合上述内容可见，归纳和演绎这两种方法既互相区别、互相对立，又互相联系、互相补充，它们相互之间的辩证关系表现为：归纳是演绎的基础，没有归纳就没有演绎；演绎是归纳的前导，没有演绎也就没有归纳。一切科学的真理都是归纳和演绎辩证统一的产物，离开演绎的归纳和离开归纳的演绎，都不能达到科学的真理。可以说，归纳是演绎的基础，演绎又是从归纳结束的地方开始的。演绎的一般知识来源于经验归纳的结果。所以说，归纳和演绎互为条件，互相渗透，并在一定条件下互相转化。归纳出来的结论，成为演绎的前提，归纳转化为演绎；以一般原理为指导，通过对大量材料的归纳得出一般结论，演绎又转化为归纳。归纳和演绎是相互补充、交替进行的。归纳后随之进行演绎，归纳出的认识成果得到扩大和加深；演绎后随之进行归纳，用对实际材料的归纳来验证和丰富演绎出的结论。人们的认识，在这种交互作用的过程中，从个别到一般，又从一般到个别，循环往复，步步深化。

如果过分强调一个方面的思维培养都会有一些缺失。因此，我们必须帮助学习者建立两种思维方式，并能灵活地运用于学习与生活的过程中。

创造力培养过程体验的具体操作

萧何在《创造力需要演绎思维的培养》一文中提到：由于中西方文化的差

异，思维方式也存在很大的区别。西方以演绎法为主，而我们东方仍是以归纳思维为主。这就形成了中国人注重总结、学习前人的经验，而西方国家的人则不断涌现推陈出新理论成就的现象。

归纳思维的培养

前面已经讲过，归纳法是获得新知识的基本方法。因此，我们确实很需要重视归纳思维的训练。应该说，归纳思维的培养是中国教育的强项。就像《创造力需要演绎思维的培养》一文中提到的：很多时候，我们都会注意到无论是教师还是书本的编排都存在着强调归纳思维而逐渐忽视了演绎推理的倾向，如在语文教学中我们时常会花很多时间引导学生由一篇课文归纳总结出文章的中心议题，表现手法、描述意图等，强调训练的大多是思维的系统性、完整性和严密性。

再比如，在我们的数学教学过程中，教师很重视数学方法的总结与讲解。通常情况下，教师们会让学习者在尝试一些题目之后进行相同点归纳，然后总结出新的定理、公式和有一定规律的方法。但无论怎样操作，最终我们都会把结论放在解题方法的熟练掌握上。

的确，正因为我们在教育教学的过程中经常引导学习者发现归纳事物的共同点，总结其间的道理，所以学习者才会善于透过众多的语句、词汇，依据大量的事例、题例总结出带有共性的、具有普遍意义的解决问题的方法，从而呈现出依据规律或模式快速解决问题的效果。

但是，如果这种方式过分运用，其后果就是学生的思维越来越受到束缚，很容易就去套用一些有规律、模板式的方法。最后虽然适应了一些已有的定论，可以促使学习者在标准考试中获得到好的分数，却只能在常规理论指导下阅读、解题而不敢有大胆的突破，或者即便产生质疑也不会在已有的模式上有所创新与创作，因而使得更多的人过度崇拜名人和所谓的权威，只有服从而没有运用上的提升。

因此，我们特别需要注意的是，培养学生对归纳方法的掌握过程，而不是对结论的反复强调。应该在归纳总结的过程中提供变化的机会，不断增加认识的宽度，帮助学习者学会变换角度看问题的方法。

通常情况下，学习者的认识过程也是先归纳后演绎的。例如，看了桃花、梨花、桃花、迎春花之后，可以引导归纳这些植物的统称是什么？然后再看菜花时，孩子就能归纳得出：这也是花。如此练习，学习者就可以从对各种花的认识中归纳形成了花的概念。渐渐地，通过归纳的方法形成许多概念，并依据这些概念作出自己的判断，深化对事物的认识。

　　再如，在下面这个案例中，我们发现，孩子的自信更多地来源于自身，他们需要在教师巧妙地提供变化的机会中培养发现与归纳的思维能力。如何准确发现并有目的地帮助学生增长能力也是教师能力与智慧的体现及提高的过程。

　　一位美国的幼稚园教师在组织学生做"跳动的小球"的游戏（见下图）。游戏的过程是这样的：教师将一根竖直劈开的竹竿斜放，一头用支架高高地托着，另一头用一面鼓支撑。当孩子把球放进竹竿的凹槽中，球便顺着斜度滚落到鼓面上，发出"咚咚"的声音，然后滚落到地面上。孩子们因此产生了兴趣，教师也借机激励学生的观察并亲自尝试，发现其中的奥妙。此时，学生有意将鼓向后移动了一些，教师再进一步引导孩子们观察球的滚落情况，孩子们发现球再滚落下来时在鼓面上颠了两下，发出"咚咚咚"三声才落地。有的球下落速度慢一些，在球面上颠的次数会增多，于是思考由此引发。

　　这一过程正是教师帮助孩子们在观察中有所发现、思考的过程。但是，如果带领孩子做游戏的教师自身不具备这种发现和调控能力，也许孩子们也不会见识到这样有变化的游戏，从中收获思想。

　　因此，与其说教育是孩子成长的需要，不如说是教师，甚至家长们的一次新的成长经历，是教师和家长对教育的一次重新审视。教师也只有真正改变与发展，才能更准确、有效地引领学生。

演绎思维的培养

　　结合中美两国的教学特点，我们可以看出，不同的教学模式有不同的侧重点，归纳思维教学模式主要侧重在引导学习者充分而广泛地认识个别事物、从中寻找共同之处的过程中培养、发展其思维，而演绎思维教学模式则主要培养学习者由事物的规律出发，到发现或者假设个别现象，从而发展其大胆质疑和假设的能力。这样，在鼓励与允许学生大胆假设的情况下，教师就可以依据规律与个别现象的关系寻找出更新的结论，以达到创新的目的。

当学习者已经具有一定的归纳思维能力时，我们就可以对学习者进行演绎思维训练。

在日常生活中，我们经常碰到这样的情况：当一个观点被提出后，会有赞同的声音，也会出现质疑甚至反对的声音，学术界更是如此。众多学者和研究人员都是在不断地依据大量数据和实证归纳出新的观点，也因在不断地验证前人观点的过程中发现新的动态，再收集相关信息得出新的结论。这便是创新的过程。

在学习者的早期教育过程中，无论是家长还是教师都应该有意识地利用生活常识设计一些既有大前提又有小前提的现象，以此培养学习者作出判断的能力，这是帮助学习者逐渐形成理论思维的重要途径；或使用其简略形式"因为……所以……"。学习者喜欢问为什么是训练演绎思维的良好时机，也是教会学习者推理意识的最佳时机。

上述举例中，当学习者已经可以依据花的概念判断菜花也是花时，我们还需要进一步追问学习者这是什么花。这个问题的引导就是在帮助学习者找到事物之间的共同点之后，还要学习继续发现事物间的不同，明确花是这类植物的统称。但是，由于每种花各有特点，所以才会拥有自己专有的名称。与此同时，我们还可以培养学习者根据两个事物的某些属性相同或相似，进而推出它们的其他属性也可能相同或相似的思维形式。这是由特殊到特殊的推理，也是训练学习者提出问题的方法，具有创造性特点。

所以，我们在引导学习者对一个结论进行验证、制订一个方案时，可以先把此次方案的目的进行详细说明，为学习者提供一个大前提，然后依据这个前提条件将所有方案拿出来进行比较，引导学习者发现方案之间的差异，最终依据已给的前提条件判断方案的优劣。此时，无论学习者的答案是什么，都不需要立刻给予肯定或者否定的反馈；当他们的答案各异时，可以再次组织学习者进行重新观察与分析，在自我发现与对比中进行求证。这样得到的结论就会具有多样性，激发学习者在与他人意见有分歧时具有多角度的思维。更重要的是在此过程中培养学习者依据前提条件进行分析与判断，对于存有差异的答案进行更多的取证与分析，渐渐形成创造力的思维模式。

第五章
元认知与心智能力

具有认知能力可以有助于人们更好地发现、认识这个世界，但仅仅认识多种认知能力与心智能力的关系还是不够的，我们还应该具体了解另一组关系，那就是元认知与心智能力。这组能力关系与认知能力的培养应该是交叉甚至同步进行的，可以说是相互促进与相互协调的。

当人们发现认知能力对人的发展起到积极的推动作用时，通常会将注意力转移到研究与追求相关的技能学习方面，因此就会出现各种学习的套路、模板，久而久之便失掉了对自身本心的认识，而过度关注外在的模式，从而形成严重的功利意识。例如，我们经常会遇到这样的情形：一个人明明在处理问题时出现了错误，但这个人还是在极力寻找理由来表示这不属于错误，或者解释错误的形成是有原因的。其实，这个现象充分证明了人在此时将注意力集中在维护个人外在形象方面，而非事物本身与自身的问题上。

如果人们身在事情之中，具有很强的自我认识与监控能力，那么，发现问题并能够面对问题才是最终解决问题的有效方法。比如，我了解到，在美国，一位工程师在设计一套新的计划时，计划的构想最初源于生活中有待解决与改善的问题，并非凭空而想。当方案初定之后，最先拿到初稿的一定是操作层面的工人们，由他们来认定方案的可操作性，这样可以得到一线人员的最基础建议，以保障方案的实用性与有效性，在操作之前便可以清晰地了解到实际操作的可能性，比如工程技术保障、仪器设备的先进性等，然后再进行进一步的方案调整，这样就可以避免出现理想与现实脱节的情况。再次修改的方案就可以重点考虑实施的办法与途径了。

在这个过程中，设计者最需要的能力就是接纳意见、自我调控、反复内省、超越自我。也只有这样，人类的创造价值才可以具有现实性与发展性。就如同爱迪生和他的助手一样，他们将1600种耐热材料分门别类地开始试验，在经历不断失败后，努力改进了抽气方法，变换更新了原材料，以延长灯的寿命，终于做出了自己满意的电灯，在不断地实践操作中完善着研究的效果。这就是人的另一种必备且更为重要的能力——元认知能力。

20 世纪 70 年代，在认知心理学研究领域中出现了一个新概念——元认知。此后，诸多国内外学者开展了相关研究，取得了许多成果，使元认知成为世界范围内教育心理学研究的热点问题之一。元认知的提出，帮助人们从更深的层次上理解人类的学习过程，并把握学习者自主与有效学习的实质。因此，在当前课程与教学改革的实践中，以元认知理论指导研究性学习的实施有着重要的意义。

因此，人们也更清楚地看到"元认知"与"认知"产生了密切关联，这两方面的能力组合直接影响着人的心智能力发展。

在心理学领域里，关于元认知的研究已经有很多种，下面我们将紧密结合这些研究的结果阐述我们的操作实践经验和我们对元认知的认识与理解。

第一节　认识元认知

结合生活实际，"元认知"中的"元"在《新华字典》中的解释为"头、首、始、大；基本"，也就是说，"元认知"是"认知"的根本与核心。元认知，又称反省认知、监控认知、超认知、反审认知等，是指人对自己的认知过程的认知。学习者可以通过元认知来了解、检验、评估和调整自己的认知活动。

元认知与认知这两个概念究竟有无区别？Slife、Swanson 等的实验研究对这一问题作出了肯定的回答。Slife 等研究了认知水平相当的被试在元认知能力上是否存在差异。被试有两组：LD（learning disturbance），（学习障碍）儿童和正常儿童，两组儿童的 IQ 分数无显著差异，且在 10 道数学题及数学成就测验的得分上是匹配的。结果表明，在进行问题解决时，两组被试在两项元认知指标上存在显著差异：①LD 儿童关于自己的解题技能的知识较不准确；②LD 儿童在监测自己的解题成绩时较不准确，倾向于高估。认知水平相当的被试在元认知方面却有不同的表现，可见，元认知与认知是可以分离的两个概念。

元认知和认知都属于人的认识和思维活动，二者的区别主要表现在以下几个方面：

（1）认识和思考的对象不同

认知活动的对象是外在的、具体的，如记忆的对象是某个具体的事件或某篇文章，阅读的对象是某段具体的文字；而元认知的对象是内在的、抽象的，是主体自身正在进行的认知活动。

（2）活动的内容不同

认知活动的内容是对认识对象进行某种智力操作，例如，阅读某一篇文章，通过对这篇文章的字词进行辨认，对句子、段落进行理解，最后达到对文章的整体把握。元认知活动的内容是对认知活动进行调节和监控，如阅读中的元认知活动有明确阅读目的，将注意力集中在阅读材料中的主要内容上，对当前阅读活动不断进行调节，自我提问以检查阅读效果，随时采取修正策略等。

（3）作用方式不同

认知活动可以直接使认知主体取得认知活动的进展，例如，个体阅读一篇文章，就可以知道这篇文章的大意、中心思想。而元认知只能通过对认知活动的调控，间接地影响主体的认知活动，例如，通过自我检查确认主体的阅读是否达到预期目标。

（4）发展速度不同

从个体认知发展来看，元认知落后于认知的发展。研究表明，婴儿出生以后就有了一定的认知能力。而幼儿到了学前期才开始获得一些零星的、肤浅的元认知能力，这时元认知能力才开始发展。在大学生中，元认知能力存在着极大的个体差异，通过加强对元认知的学习和培养，能使大学生的元认知能力获得迅速发展和提高。

从本质上讲，元认知是不同于认知的另一种现象，它反映了主体对自己"认知"的认知。同时两者又是相互联系、不可分割的，认知是元认知的基础，没有认知，元认知便没有对象；元认知通过对认知的调控，促进认知的发展。元认知和认知共同作用，促进和保证认知主体完成认知任务，实现认知目标。

在众多的元认知定义中，以元认知研究的开创者 Flavell 所作的定义最具代表性。1976 年，他将元认知表述为"个人关于自己的认知过程及结果或其他相关事情的知识"，以及"为完成某一具体目标或任务，依据认知对象对认知过程进行主动的监测以及连续的调节和协调"。1981 年，他对元认知作了更简练的概括，认为其是"反映或调节认知活动的任一方面的知识或认知活动"。

Baker L 和 Brown A L 也认为，元认知是"个人对认知领域的知识和控制"。可见，元认知这一概念包含两个方面的内容，一是有关认知的知识，二是对认知的调节。也就是说，一方面，元认知是一个知识实体，它包含关于静态的认知能力、动态的认知活动等知识；另一方面，元认知也是一种过程，即对当前认知活动的意识过程、调节过程。作为"关于认知的认知"，元认知被认为是认知活动的核心，在认知活动中起着重要作用。

Flavell 认为，元认知由 3 个要素组成，即：元认知知识、元认知体验和元认知监控。元认知知识包括：关于认识主体的知识，包括自己与他人在认知方面的差异性和相似性的认识；关于认识任务与要求的知识；关于认识方法的知识。元认知体验是在从事认识活动时所产生的情感体验。元认知监控指对自己的认识活动进行监视、控制和调节。

元认知的 3 个要素是互相联系、互相影响的：元认知知识的掌握，有利于产生准确的元认知体验，有利于有效地实施元认知监控；准确而积极的元认知体验，有利于有效地实施元认知监控，并由此积累正确的元认知经验和知识；有效的元认知监控，有利于产生积极的元认知体验并获得更丰富的元认知知识。因此，元认知知识、元认知体验、元认知监控在人的认识活动中互相联结，成为一个有机统一的整体，协同实现对认识活动的监视、控制与调节作用。

由此可见，对于成长中的学习者来说，元认知实际上就是在学习活动中通过对自己、对学习任务与学习方法的认识，来准确地体察和自觉地控制自己的学习活动，从而主动地有效地发展自己。

那么，元认知能力也就是在学习活动中自我认识、自我控制，以求得自我发展的能力。

"元认知能力"在学术文献中的解释如下：

1）元认知是指对认知的认知，元认知能力是指学生对认知活动的自我意识、自我监控和自我调节的能力，它是思维能力的重要组成部分。因此，在数学问题解决中元认知能力的高低直接决定着问题解决的水平和数学能力的强弱。

2）认知能力是指那些"指向具体的认知对象的智力能力，如对某个具体信息的记忆、理解和其他方面的心理加工，阅读能力就是一种认知能力。而元认知能力则是指对认知能力进行调节和监控的、更高一级的能力。"

3）元认知能力是指主体对自身认知活动的认知，其中包括对当前正在发生的认知过程（动态）和自我的认知能力（静态）及两者相互作用的认知。

大量的心理学研究结果证实，元认知能力与学习者的学习能力、学业成绩有着密切的联系。元认知能力强的学习者学习能力强，学习效率高，学业成绩好；反之亦然。国内外的学者对学生在阅读、记忆、写作及解决问题等智力活动中的元认知作用的研究都证明了这一点。

1985 年，美国著名的认知心理学家斯腾伯格在《超越智商》（*Beyond IQ*）一书中提出了一种新的智力理论——三元智力理论。他认为，一个完备的智力理论必须对智力的三个方面予以说明，即智力的内部构成成分，这些智力成分与经验的关系，以及智力成分的外部作用。

首先，斯腾伯格认为智力包含三种成分：操作成分、知识获得成分和元成分。在三种成分中，元成分是用于计划、控制和决策的高级执行过程。他指出，在目前的概念体系中，元成分是智力发展的主要基础。他的观点具体表现在：元成分指控制行为表现和知识获得的过程，它负责行为的计划、策略与监控，如确定问题的性质、选择解题步骤、分配心理资源、调整解题思路等；操作成分是指接收刺激，将信息保持在短时记忆中，比较刺激，从长时记忆提取信息，以及作出判断反应的过程，负责执行元成分的决策；知识获得成分是指用于获取和保存新信息的过程，负责新信息的编码与存储。在认知性智力活动中，元成分起着最重要的核心作用，它决定人们解决问题时使用的策略。例如，对类比推理过程的研究发现，推理能力强的人完成得比推理能力差的人更快，也更准确，但他们在进行解题中先花费较多的时间去理解问题，而不是急于得出答案。

另外，智力的第二个方面涉及内部成分与外部世界的关系，它指根据经验调整所运用的成分从而获益的能力，或称为经验性智力。经验性智力既包括有效地应付从未见过的新异事物，也包括自动地应付熟悉的事情。在任务非常熟悉的时候，良好表现依赖于操作成分的自动执行，如阅读、驾车、打字时的自动编码等；而在任务不熟悉时，良好的成绩依赖于元成分对推理和问题解决的辅助方式。

最后，在日常生活中，智力是适应环境、塑造环境和选择新环境的能力。智力的这方面特点又称作情境智力。为了达到目标，凡是有一定智力的人都能运用操作成分、知识获得成分和元成分。但是，智力行为是因条件的改变而变化的，在不同的情境中，人的智力行为有不同的表现。比如，一个人在实验室中解决物理问题时所用到的知识和元成分，与他力图摆脱尴尬处境、平息家庭冲突时所用到的知识和元成分完全不同。有些人可能并不具备很高的学历，也可能难以清楚地表达他们是如何处理现实事务的，但他们却非常擅长解决日常事务问题，例如解决人事纠纷和讨价还价。在这种意义上，情境性智力又称作实践智力。

中国知名学者董奇则指出：自我监控作为人类意识主观能动性的集中体现……是人类个体由幼稚走向成熟、由依赖走向独立的重要标志，是人类个体完成各种任务、协调与他人关系、成功地适应社会的必要条件，是人类个体自我发展、自我实现以致日臻完善的基本前提和根本保证……由此可见，发展自我监控无疑是人类个体最重要和最核心的发展任务之一。

不难看出斯腾伯格所说的元成分及董奇所说的自我监控，就是我们所说的元认知。

第二节　元认知能力培养与发展

学习者的元认知能力培养与发展

有学者提出，元认知能力的发展就是为学习者在心理上培养一位"老师"，大大增强学习者学习的自信心，学习者可以随时告诉自己，在什么情况下，使用什么知识与策略就可以解决有关学习的问题。近几年来，大量研究表明，学习者的元认知能力具有很大的可塑性，适当的教育与训练能极大地促进学习者的元认知能力的提高。同时，在元认知能力的培养过程中，我们不仅要教给学习者各种有效的认知策略，更重要的是要使他们了解何时何地使用何种策略，提高学习者对认知活动的自我监控能力，进而提高其元认知水平。那么，学校的课堂教学则是培养学习者元认知能力的主要渠道，因此，优化课堂教学对于提高学习者学习的积极性、主动性，使学习者成为学习的主人，培养学习者的元认知能力有重要作用。

广州大学外语学院的李萍老师对其任教的两个班级共 82 名学生进行了有关元认知知识和策略方面的问卷调查，结果显示 60%左右的学生都具有一定的元认知意识，知道应该为自己的学习负责。但就元认知体验而言存在的问题是显而易见的。如问到"我知道在开始英语学习前，制定好适合自己的学习计划对于成功至关重要"时，60%的学生认为自己"完全知道"；30%的学生认为自己"知道或基本知道"。但进一步问到"在实施学习计划时，我意识到要按自己所制定的计划进行"时，只有 33%的学生持肯定态度；27%的学生回答在制订计划后，"从不或很少"意识到要按自己所制定的计划进行；另外 40%的学生持不肯定态度。从这里我们不难看出，在传统教学中学生对教师的依赖程度是很强的，学习的自我意识在近年来虽然有所加强，但学生并不真正具备自主学习所需要的元认知能力。就传统外语教学模式带来的问题，我们认为元认知能力是需要教师在教学中去逐渐培养的。从一开始督促学生制订学习计划，教会他们如何选择学习策略和如何监控和评价自我学习，这种能力是需要经过一段时间的训练才能逐渐形成的。

由上述调查可以看出人的元认知能力形成的重要性，它关系到学生发展的始终。试问，如果发现学生到大学时还未形成一些基本的元认知能力，再进行训练是否已经为时过晚？

因此，教育者应该有意识的加强对学习者元认知技能的训练，尤其对小学阶段的学习者来说，这显得更为重要。这主要是因为元认知技能是形成相应能力的中介通道，学习者认知能力的提高有赖于元认知技能的训练。

训练学习者元认知技能对学习者的成长具有十分重要的意义。

在第一章的第二节中我们已经见过几个美国孩子在训练过程中用塑料圆片摆出的图案（P7）。

这些记录可以充分地反映出孩子们在不断地进行自我内心检查与调整。他们在主动解释与挪动圆片重新码放的行为中改变与完善着自己的认识，逐渐地使图形趋于形象化，以方便别人看懂。当孩子们的自我调整得到他人的理解后，他们表现出的喜悦是真诚而激动的。这个过程表明他们的认知能力与元认知能力在不断提高。为了更清楚地反映自己的思想，让别人可以看懂，孩子们在内心不断地总结着经验，调整着自己摆放图形的方式，最终通过意思明确的图形与我们进行思想交流。

学习者具有良好的认知能力和元认知能力是更好地进行学习的先决条件。董奇指出"元认知是学生学会学习的理论基础和有效途径"。从元认知的角度来看，学习过程不仅仅是学习者对学习材料进行识别、加工和理解的过程，也是对学习过程进行积极监控、调节的元认知过程。学会学习的最基本特征就是合理使用学习策略，这些学习策略包括学习者对自己整个学习过程的有效监控和调节。

据观察统计得出的结论，元认知能力是在认知能力发展的基础上不断发展起来的，但如果一个人的元认知水平很低，他的认知水平要达到高水平是很困难的。大量研究结果表明，学习能力强的学习者元认知发展水平较高，元认知能力较强。一些心理学研究表明，造成学习者学习能力不同的根本原因不是学习者原有的认知能力不同，而是他们的元认知水平不同。因此，元认知能力的发展可以促进智力的发展，成为学习者学习的先决条件。

元认知能力可以促使学习者成为学习的主动参与者，使学习者对自身的认知活动进行积极的自我评价和自我调节。元认知能力的培养还可以使学生成为一个策略型的学习者。研究表明，元认知水平高的学习者往往掌握较多的有关学习和学习策略方面的知识，并善于控制自己的学习过程，灵活运用各种策略来解决问题，从而促进较强学习能力的形成。而元认知水平低的学习者在学习及学习策略方面的知识缺乏，也不善于根据学习材料、学习任务采用灵活的策略，通常表现出较差的学习能力。可见，元认知发展水平不同在一定程度上影响着学习者学习能力的发展。

另外，元认知能力能弥补认知能力的不足。有实验研究证明，高元认知能力者解决问题的表现比低元认知能力者要好，而元认知能力高而一般能力差者，较之元认知能力差而一般认知能力高者解决问题的效果更好。这说明良好的元认知能力使个体更能有效地获取信息，组织和运用信息，避免了由于一般能力低造成的损失。反之，如果一般能力高，而元认知水平低，由于缺少对认知活动的自我监控、自我调节、自我评价，使认知活动的进行缺少计划性、目的性，导致问题解决效率的低下，成功的可能性也降低。所以元认知水平的高低会影响到一般能力的发挥。

可以说，元认知能力不是天生就有的，主要是靠后天的培养和训练而提高的。训练是元认知得以培养和提高的关键。元认知能力是通过实际训练逐步培养起来的。元认知技能训练可以在专门的训练课上进行，也可以贯穿于平时的生活与课堂教学中。对元认知技能的训练与认知能力训练是结伴而行的，主要表现在以下几个方面：

（1）注意引导学习者反省自己的认知过程，激发学习者的元认知意识

我们在实际教学活动中经常会发现，很多学习者在完成一项学习任务后并不知道自己为什么这样操作，总是喜欢用"我觉得"这样的回答方式给自己一个解释。其实，每个学习者只要是经过思考完成学习任务就一定有其思考的流程，由于没有经过梳理，这个过程就会是模糊不清的。对于难度较低的问题解决起来不是问题，但随着学习难度的不断加大，学习者就会感觉思维混乱，甚至出现思维受阻的现象。如果我们注意从小学阶段开始有意培养学习者富有逻辑性地表达内心的思考，将会促使学习者学会清晰地看待问题、合理地分析问题、准确地解决问题。因为，在小学阶段，学习者习得的知识及培养的认知能力都是较为浅显的，利用简洁的资源来培养逻辑思维是最为有利的条件，学习者也将会在简单的方法中逐渐积累，最终在面对复杂问题时也可以清晰地将问题分解，轻松解决。其实，这个累加的过程对于学习者来说并不困难，如同攀爬石级，当站在山顶，回头望去，觉得高不可攀时，此时的学习者却已经站在最后一级台阶上，对他们而言只是一步之遥了。所以，在心智能力训练的教学中，每当学习者完成一项学习任务后，我们都会请这个学习者回忆一下完成的过程，然后将个人感受表述出来，以帮助学习者养成良好的反思习惯，唤醒其元认知意识。

在训练教学过程中，我们还时常引导学生进行交流和讨论。当学习者个体思

维受阻或出现问题时，我们不会直接指出或马上提供答案，而是沿着学习者原有的思维进行调整。

例如，我们在训练学习者的记忆能力时，让学习者回忆之前看过的一幅画，并描述出来。一个学习者在回忆过程中将两幅图片的出现顺序颠倒了，我们没有给予纠正，而是这样引导："你已经很棒了！就差一点儿，你完全可以重新回忆一下，只要你用心记过的就不会忘记的。别着急，慢慢来，我们都会等你的。"以此鼓励他再次回忆，给予他足够的信任，最终，这个学习者静下心来重新进入之前观察图片的过程回忆中，渐渐地沿着记忆的过程重新发现，终于依靠自己的力量纠正了这个错误。这个环节结束之后，我们一定会继续追问："你是用什么方式把它们调整过来的？"此时学习者回答说：我在记青蛙和猴子的时候，有些模糊，您提示我刚才有错的地方，我想一定是这里错了，所以，就把他们的位置调整了一下。"由此看来，学习者是具有自我意识的，如果经常反思，就会加强自我调控和自我约束的能力。这正如哈佛大学的一句名言："教师的作用不是为了改变孩子，而是开发出孩子内在的能力。"

如果在认知活动中学习者很少会主动使用认知策略，表现为学习及解决问题能力低下。究其原因在于他们不知道要对认知活动实施一定的监控和调节，缺乏或根本没有元认知意识。就像参与研究的石海平老师在感悟中提到的："相比较而言，我们在学科的课堂上，当孩子对一个问题给出的是个错误答案时，我们却很少发现他们错误的根源，更'珍惜'于课堂上的宝贵的40分钟，再功利一些的，就是要一个正确答案。所以，一节课下来，那些不会做题的同学还是不会做。这也让我们真正地思考：课堂上的互动，要互动什么？如果我们在课堂上也能'抓住错误不放'，有意引导孩子自我修正错误，是不是比督促他模糊地练10道类似的题更有价值。"

（2）注意对学习者的认知活动作出实事求是的客观评价

这里既要包括对个体的实际情况进行评价，也包括对其他人和一个集体的评价。在教师的不断评价中，学习者就能获得对自己的认知活动特点的认识，并从教师评价他人的过程中找出自己与他人在认知方面的差异，在有效的对比中，发现个人与他人的优势与不足，从而在学习活动中学会取人之长、补己之短。通常在教学活动中，我们主要采用鼓励式语言对学习者的行为表示肯定与鼓舞。但是，这样的鼓励并非为鼓励而鼓励。我们需要切实发现学习者此时值得肯定的行为，鼓励的目的是强化学习者正确的思维与正确的行为，同时起到引领作用。

例如：我们在进行联想能力训练时，要求学生根据"田野、树林、木头、皮球、足球场"五个词作一篇联想短文。其中一个学生讲道："田野里有一根木头，说明这里原来一定有茂盛的树林。"此时教师既要肯定学习者敢于联想，但同时要指出："看到一根木头，就一定有树林吗？"以此启发学习者在联想时注意合理性与逻辑关系。在关注学习者的思维习惯后，我们作出这样的总结评价：我们表达得不够准确，就很容易造成别人的误解。因为每个人都会理解自己的逻辑，如果自己的逻辑不够清晰时，别人是不会理解的，就会造成与别人之间的矛盾。其实，我们应该梳理自己的思维。这就是帮助我们找回快乐，与他人相互理解的办法。这个过程对于其他学习者来说也是一次较好的引导。

有效启发学习者应用策略的步骤和解决问题的办法，会促使学习者明白什么时候用什么策略解决问题更有效，知道什么情境使用什么策略最为恰当，因此达到的目标也会是最佳的。

（3）注意激发学习者的学习动机

激发学习者的学习动机是培养学习者元认知技能不可缺少的内部条件，用以增强学习者学习的求知欲，调动学习者学习的积极性。我们激发学习者的学习动机不仅依靠有形的教学设施，如多媒体课件，因为很多时候学习者的学习动机源自于自身的学习愿望。当他们感觉自己有足够的能力参与教学活动时一定会积极地投入进来。

请看参与研究的石海平老师提供的又一个真实的案例：

2012年3月19日，周一

下午，我找闫欣悦到办公室改数学错题。令我意想不到的是，改完之后……

欣悦："我想从网上找钢琴曲，自己练练静心。可是我没找到。"

我说："我可以拷贝给你呀。"

我问："你觉得现在做静心时什么感觉？"

欣悦："心里什么都不想，注意力集中了。"

我说："这星期上训练课的时候，我也叫你参与，好吗？"

（欣悦有些迟疑）

我说："你看，许老师常告诉我们敢于尝试，就是成功。前面那么多同学，不是都敢于尝试了，他们就成功了。你也试试吧。"

欣悦："行。"

我说："如果，周三上课的时候，我忘了，你就高高地举起手来，我就知道该叫你了。"

欣悦："不行，你不能忘了。"

我说："这样吧。"

我拿出了一张便利贴，写上：周三上训练课，叫欣悦。"你看，我把它贴在台历上，提醒我。"

欣悦："不行，你得把它贴在你的衣服上。"

……

从欣悦的话中，我们不难发现，这个女孩和一般的女孩有些不同。她很讨厌数学，三年级的时候，期末考试就出现了不及格的现象。在课堂上我也发现，这个孩子虽然能乖乖地坐在椅子上，但是很少举手发言。很多时候我看到的是她迷茫的眼神。

从五年级上学期，我们开始请许颜老师上心智训练课。一个多学期下来，我慢慢发现了发生在这个孩子身上的变化。如果孩子的认知方式不发生改变，她怎么会接受这个挑战呢？另外一个重要的变化：数学学习的进步。

早在前两周，我们在做 2 分钟 20 道分数加减乘除口算时，我就发现欣悦的口算错题不多，而且有两次全对。那时，我认为孩子在家一定多练习了。并没有太在意。现在回想起来，上学期，欣悦在做分数加、减口算时，问题特别大。期末考试的时候，也是班里口算错得最多的孩子。这学期，刚学完分数乘除法练口算的时候，虽然她的错题还是有点偏多，但是慢慢地，每天的错题都在减少，而且最重要的是分数加减乘除混合在一起时，她不会混淆。这是能力上的很大提升。因为这个孩子曾经出现过这个问题，比如：学小数除法时，先学除数是整数的除法，学这部分知识时，她很明白，也能把题做对。再学除数是小数的除法时，虽然只需要把除数变成整数，被除数做相应的变化，再按照整数除法去做就可以了。可是，欣悦学这段知识时，连原来会做的除数是整数的除法也不会了。后来，欣悦足足花费了一个多月，通过大量练习才掌握了小数除法。这个经历对指导老师来说是辛苦的，但是对孩子来说，应该更是一种痛苦的经历。

今年，我们学习分数乘除法，孩子非但没混，而且在把去年学习的分数加减法也混合进来的时候，她还能拿到全对，我知道心智训练确实在孩子身上发生了潜移默化的催化作用。

还值得一提的就是 3 月 20 日，我们进行了分数除法单元的测验，她的成绩已经达到了 80.5 分，这是名副其实的成绩，我相信欣悦还会在各科的学习上表现出各种方式的、更大的进步。

也感谢许老师对孩子们的培养。

上面这个案例中那个学习者的表现让我们感受到：任何一个学习者都有潜在的自我反思意识。他们会实实在在地在内心评价自己，知道什么时候可以做什么，什么时候不能做什么。这个思考的过程就是学习者对自己的评价过程，也是元认知能力在再次发挥自我监控的作用。当学习者的元认知能力悄悄地发生变化时，学习的积极性也会增长，参与意识与自信心自然会增强。

为了帮助学习者提升元认知能力，我们也在课程中注意教会学习者自我监控的方法。例如：当学习者接受一个问题后，一些学习者很喜欢立刻举手准备发言，更有甚者张口便答，这样的习惯不利于学习者深入而全面的思考，因此，每到这个时候，我们都要求学习者先不要急于举手，而是应该把要表达的意思在心中打个腹稿，然后再说；当学习者的答案被教师或其他学习者纠正后，我们会引导这个学习者将他人的建议与自己的观点相结合后再重新表达一遍。这样做的意义是教会学习者知道对于别人的建议怎样听、怎样借鉴和怎样融合。这个过程就是施教者在课堂教学中把解决问题的步骤、思路、方法和规律逐一示范给学习者的过程，同时给学习者提供了一次次体验的机会。这些措施都有助于学习者养成良好的思维习惯，学会对自己的认知过程进行自我监控和自我评价。

（4）注意使学习者对由使用元认知技能而产生的结果产生体验

这是指在讲解了某一认知策略之后，可以提供一个表面内容不同但实际结构相似的问题情境，要求学习者运用所学的认知策略来解决当前问题。

例如：我们在培养学习者用切割的方法由局部进行图片对比观察后，引导学习者再次通过对比自我选择个人认为最简洁、最实用的对比方法，此过程培养了学习者的自我判断、自我选择、自我反思、自我评价的能力。之后，再次给予相同类型的图片让学习者操作，以巩固内化学习者所认识到的方法，再次进行实践体验。当学习者顺利地解决问题之后，原有的有关认知策略的知识会由感性认识上升到理性认识，并体验到成功的喜悦，这种积极的情感会有助于认知策略的迁移。而有些时候施教者（这里包括教师与家长，以及其他实施教育行为的成年人）也可以不给予最终答案，给学习者留有思考的空间，使之在课程之后有机会继续思考。

还值得注意的是，对学习活动进行科学评价既是元认知能力的重要标志，又是培养元认知能力的重点目标和必要手段。对于年龄较小的学习者来说，施教者可以创设一种施教者与学习者之间的良好的互动氛围，使每个学习者都有评价他人同时被他人评价的机会是非常重要的。这种互动形式有利于学习者充分将施教者和学习同伴对自己的外部反馈转化为自己的内部反馈。例如：学习者在年龄尚小的时候对更多的、复杂的概念是不会自我解读的，这就需要施教者采用不同的形式给予详细的描绘。我们发现，所有的低龄学习者都希望别人称他们为好孩子，这只不过是一个词组，而好孩子的标志是什么、怎样才能成为好孩子是学习者需要知道的。为此，我们在课堂上通常会这样说："我发现了一个好孩子，她在别人发言时注意听，而且能够重复别人表达的意思。真棒！""我发现一些聪明孩子，他们能够把要说的话在心里说一遍之后再告诉大家。真聪明！"

这样的评价方式学习者很愿意接受，也会很快地，有明确目标地调控自己，向好孩子或聪明孩子的标准看齐。这也是内心的一种需要与体验，是元认知能力培养的重要环节，以更好地培养学习者养成自检自控的习惯，自觉地反思自己的认知活动，进而提高学习者的自我监控、自我调节和自我评价能力。

在整个施教过程中我们发现，大多数施教者更关注的是对学习者质疑能力的培养，因为这是培养创造力的源头，培养学习者在这一过程中敢于发现问题、自我提问、向他人质疑的能力。通过培养学习者的质疑能力，帮助学习者进行自我分析、自我评价。例如：当学习者在训练过程中提出方案后，自己又不能评价，或者产生新的问题时，我们通常会建议学习者把问题向大家提出，征求大家的意见。这一过程可以帮助学习者学会与人交流，知道什么时候需要与人交流，怎样交流最有意义，同时感受对问题多角度的回答，理解很多时候我们需要站在不同的角度看待问题，思维就会广泛而灵活了。

从发展心理学的角度来讲，元认知能力的发展与其他认知能力一样，是个逐步完善的过程，每一个发展阶段都有其特征。同时，对于低龄的学习者来说，他们的自我意识与认知能力尚处于低水平状态，而元认知活动则是一种层次较高的认知行为。因此，这就要求施教者应该根据儿童的心理发展规律，结合实际情况、因势利导、因材施教，在进行知识教育与行为引导的过程中，有目的、有计划、长期不懈地对学习者进行元认知的教育与训练，但是，凡是能力的提高都不是瞬间可以形成的，所以不可操之过急。

施教者对学习者元认知能力的引领作用

在当前的学校与家庭教育过程中，孩子作为学习活动的主体，应该充分认识自己的认知过程，施教者在教育过程中应帮助学习者更好地形成元认知能力。真正做到"教是为了不教"，使学习者"学会学习"。所以说，在"教会学生学习""为迁移而教"作为教育主题的今天，培养学习者的元认知能力是非常重要的。

我们先来一起阅读下面的三个案例，感受一下施教者对学习者的影响。

案例一

有两个幼儿园的小朋友在一起聊天，第一个孩子问第二个孩子："为什么总是说小孩子爱挑食？大人怎么就不挑食呢？"第二个孩子想了想回答道："因为大人可以给自己买他们很喜欢吃的东西，所以就不会挑食了。"

案例二

一个孩子问他的妈妈："为什么老师总不让我出错，可是老师也会出错，怎么没有人告诉她家长，让她的爸爸和妈妈来管她？"

案例三

朋友的女儿问："上帝为什么要造坏人？是为了让警察有工作吗？"

笔者认为，上述的这三个案例都会给成年人一些触动。尤其是前两个案例中的问题。这样的两个问题让我们这些成年人来回答会是怎样的呢？我们是否可以从这两个案例中发现，成年人是懂得什么是美好，什么是正确，什么是应该做的……但是，人们在长大成人之后只是学会了把一些美好的愿望与期待、善良与正确的行为灌输给孩子吗？因为是成年人就可以足够"灵活"地对待问题了吗？

面对"上帝为什么要造坏人"这样的问题，我们又会如何回答？我们是否可以发现坏人与警察的内在关系？是否可以这么简单地连接这两个概念？

人怎样做才能准确地认识自己？其实在我们思考这些答案的同时，正是我们应该进行自我反思的时机。我们是否可以借助这样看似天真的问题清晰地发现自己内心的真实想法？是否可以借助这样的问题看到我们早已远离了自己的内心？这个过程应该说就是施教者元认知能力的提升过程。

很多时候，我们发现人们在完成一件事情之后会很自然地回味事情留给自己的感受，比如开心、快乐、伤心、愤怒……因此更多的人存留下的是感性的认识，而这并不属于自我反思与自我认识，元认知能力并未得到提升。如果此时，我们在回味个人情感的体验时，能够更多地回忆事情的完整的发展过程，仔细分析每一个环节所引出的下一个环节时，就一定能够找到感受产生的原因。这就是解决问题的突破口。但是，如果我们仅仅停留在与人共鸣的环节中，只能令人得到瞬间的心理慰藉，而并非解决问题。相反，还会促使人的这种情绪的再次升级，把人推向一个更加难以自拔的境地。

因此，笔者认为，施教者在帮助学习者真实地解决问题时，首先要保持个人的情绪冷静。我们可以体验对方的心情，与之产生情感共鸣，但是面对问题时一定要就事而论，而不能把人与事混为一谈。

在生活中，IT 专业或者理工专业的人经常被认为是情商不高的群体。比如江苏卫视《最强大脑》这档节目中的评委魏坤琳，他的经典语句就是："科学是我唯一评判的标准！"他在进行分析与评价的时候通常只是单纯地从事情本身从发，合理地分析与判断结果。如果每个人都如此专注于事情发展的本身，那么很多时候都可以看到最公平的结果，也可以由此促使人更加准确、严格、科学地进行研究与发展。但是，在生活中却很少有人这样理性地看待事情。由于情感占了上风，所以道理就会变得模糊，评价的标准自然不够公平公正。

其实，我们完全可以兼顾事情的真实情况与人的感情因素。

当一件事情出现的时候，我们首先要让自己再次退到事情的流程中，把握事情本身表现出来的信息给予的结果，然后再考虑人在事情之中的不同感受，站在不同的人物角色位置上予以理解与疏导，把重点放在如何帮助不同人站到事情的情境中感同身受，从而进行理解，然后再来重新判断结果。这个过程就是在提升所有与事情相关人员的元认知能力。所以，我们在进行心智能力训练的时候，通常需要施教者在一些环节中加入元认知能力训练的内容。

例如：有一个孩子在高考前情绪低落，吃不下睡不着，甚至噩梦连连，之后体检时被检查出高血压、肾虚等问题。面对出现的这些情况，父母都知道他是因为高考而紧张焦虑造成的，但是，只知道这些是不能很好地帮助孩子解决实际问题的。于是，我们对这个孩子进行了心智能力训练。

首先，我们请孩子闭目静心，引导他随着音乐的旋律集中注意力关注大脑内部的变化。在孩子的陈述脑内画面的过程中我们得知：这个孩子最担心的不是怕考不好，而是在临考前因为教师的过度关注而感觉内心焦虑，有一种被看管、过度压抑的情绪。在情绪积累到一定程度之后突然按捺不住从而爆发出来了。

在进行情绪疏导之前，这个孩子并不知道自己因为什么而焦虑，家长总是按照常规的猜测，劝慰他："不要紧张，考好考坏都没有关系。"致使造成这个孩子自认为没有人可以理解他，但是他自己又不知道该如何释怀，因此出现了后来的情况。

当我们带领这个孩子走进自己的内心，点破他的心结，解开内心的这种感受时，他终于发现并认识了自己的真实问题，学会了在面对自己内心的同时如何帮助自己走出困境的方法。后来这个孩子完全放松下来，在高考的过程中一路领先，发挥了自己真实的水平，考取了自己理想的大学。可以说，这就是施教者在帮助学习者提升元认知能力之后所产生的良好效果。

很多时候，人的更多的精力是关注外界与他人。就如同人的外貌、眼睛的作用更多是为了帮助人们看到自己以外的事情，想了解自己的长相都需要有一面镜子来辅助。所以，关注外界就成为了人的一种习惯，但久而久之，人的内观功能就会减退。

正是因为上述的这些原因交织在一起，人们把自我实现理解为与人攀比。于是在很多人的意识中里出现了：别人有的我要有，别人做得到的我也要做到⋯⋯扭曲的竞争也就由此产生并发展起来。

我们在进行心智训练后，帮助参与者静静地走进自我意识，发现并真实地面对自己时，参与者都会变得越来越平和。在观照自己内心之后再将眼光投向外界时，反而可以寻找到自己良好的定位与更好的发展方向。这就是元认知能力的价值与强大的作用，它可以激发人强大的内心力量！

依据不同学习者的需要，我们通常会对使用的教学材料进行一些调整，这样有利于学习者有效促进个人的认知与元认知能力的共同提升。例如，我们在训练学习者记忆一幅图片之前，先要判断学习者的思维特点，然后采取相应的训练方案。当我们发现学习者主要的问题是看的能力较弱时，我们就会突出看的环节训练，然后让学习者在观看后边记忆边回忆记忆的过程，帮助学习者发现自己记忆过程中的思维状态。当我们发现学习者的主要问题是交流的能力较弱时，我们就会突出交流环节的训练。于是我们设计了这样的过程：请一个同学口头描述需要记忆的图片内容，其他学生先是专注地倾听，然后结合自己的理解与记忆进行提问，最终在交流信息的过程中完成图片记忆的练习。

这个练习看似简单，但就是在这样简单的环节中锻炼了学习者与人沟通，分析理解他人，以及自我判断与合理记忆的多种能力。只有基于人这样简单而单纯的信息，而不夹杂学科等专业性质内容的交流训练，才能促使学习者将注意力完全集中在如何体验与人交流的情境中，避开其他因素的干扰，从而提升真正的沟通与交流的能力。

总之，人的认知与元认知能力的发展是人的心智能力成长的主要内容。因此，我们的心智能力训练就是在培养人的多种必备能力，施教者的作用更多地应该体现在帮助学习者能够健康快乐地成长，让心得到真正的快乐体验！

唐代著名的文学家、思想家和教育家韩愈在《师说》中写道："师者，传道授业解惑也。"这里明确地提出了教育者的三个任务，即：传播思想，教授知识，解决疑惑。《现代汉语词典》中对教师的定义是"担任教学工作的专业人员"。教学则指教育者把知识、技能传授给学生的过程。由此我们看到，无论是唐代的韩愈还是现代的解释，都说明教育者在学习者成长中可以起到培养与推动的重要作用。

然而，随着社会的发展，施教者如果只是单纯地努力把知识、技能、已有思想传授给学习者已经不能满足学习者发展的需要，甚至是社会发展的需要。因此，施教者要在继续传授知识的同时，发挥好自己的引导能力。

教学实践表明：施教者"会教"是学习者"会学"的前提，要培养学习者的认知能力与元认知能力，就必须提高施教者的认知能力与元认知水平。施教者需要具备的认知能力与学习者基本相同，但是，如果施教者自身的认知能力不够强，在对学习者进行方法指导时会受到一定的局限。但是，如果施教者注意培养自己的元认知能力，是完全可以弥补认知能力上的差距的。因此，我们更特别强调的是施教者具备需要较强的元认知能力。

实践再次强调，无论是在课堂教学中还是家庭环境中，施教者在自我监控方面的教学水平对学习者自我监控能力的形成有着非常显著的积极影响。这是因为，有着较高元认知能力的施教者在教学中不仅对教什么、怎么教心中有数，对学习过程能够积极地计划和调控，使学习过程不断得以优化，而且由于他们对元认知理论、作用和意义有着较为深刻的理解和认识，势必会注意克服只重教而轻学、只重知识的传授而轻获取知识的方法的指导、只重结果而忽视过程的传统教法的弊端。

另外，施教者的认知能力与元认知能力和学习者的认知能力与元认知能力有着相同或相似的发展机制和规律，尤其是施教者元认知能力在教育过程中的表现无疑会给具有较强模仿能力的学习者提供一个活生生的榜样，潜移默化地促进学习者认知能力与元认识能力的提高。因此，施教者首先要静下心来重新审视自己。

施教者的元认知能力的培养与发展

施教者作为对学习者实施教育的核心人物，若要具备或者发挥好教育的引领作用，从元认知能力的角度来看，首先需要施教者认真地、客观地审视自己，真实地认识自己。

古希腊伟大的哲学家苏格拉底曾说过，最大的无知就是不知道自己的无知。同时，他一再向学生们强调，哲学最根本的任务，即是人生最重要的使命，就是认识自己。也只有清晰地认识了自己才有可能认识别人，对别人产生影响，从而引领更多的人，帮助更多的人发展。从这里可以看到，苏格拉底就是在强调人是需要具备元认知能力的。

什么是认识

前面已经接触过认识这个概念。在心理学中认识（cognition）是指通过形成概念、知觉、判断或想象等心理活动来获取知识的过程，即个体思维进行信息处理（information processing）的心理功能。就是接收、储存、加工和理解各种信息的过程，也就是人脑对客观事物的现象和本质的反映过程。感觉、知觉、记忆、思维和想象都是认识过程的有机组成部分。作为施教者，需要对教育信息、学习者信息、家庭教育信息等进行信息加工、形成认识。

例如，我国著名画家郑板桥曾说："江馆清秋，晨起看竹，烟光日影露气，皆浮动于疏枝密叶之间，胸中勃勃遂有画意。其实胸中之竹，并不是眼中之竹也。因而磨墨展纸，落笔倏作变相，手中之竹又不是胸中之竹也。"他对画竹过程的分析表明，"眼中之竹"的感性印象是基础，"胸中之竹"的蓝图是头脑中的形象，"手中之竹"的创作则是思维和想象的物化，形成了由表及里、由浅入深的认识过程，最终实现了由感性认识向理性认识的转变。

实践是认识的基础和来源，认识既不是"生而知之"、主观自生，也不是直接来源于客体，而是通过主体能动地改造客体的实践活动中获得。正如恩格斯所说，人的思维的最本质和最切近的基础，正是人所引起的自然界的变化，而不单独是自然界本身。教师的作用也应该是把握教育的本质，有效帮助、引领学生自然地成长。

认识的根本任务就是经过感性认识上升到理性认识，透过现象抓住事物的本质和规律。人们认识世界是为了改造世界，施教者认识自己、认识学习者更多的是为了更好地担当施教者的责任。如果得到了正确的教育理论后，我们只是使其挂在嘴边空谈一阵，然后束之高阁，并不实行，或者根本不知道怎样实行，那么这种理论再好也是没有意义的。因而认识的根本目的是为更好地应用于实践，去指导实践。

因此，认识的根本任务与认识的根本目的是有区别的，两者分属认识过程的不同阶段，由感性认识上升到理性认识实现了认识过程的第一次飞跃，由认识指导实践实现了认识过程的第二次飞跃。一位施教者的成长过程至少分两个阶段，一个是自己的成长过程，一个是成为施教者的过程。所以，有很多人说过"在我们自己长大之后，又跟着孩子的成长重新长大一次"。

客观物质世界存在着由量变到质变的，再到新的量变和新的质变的无限循环。在人们对客观世界的认识过程中，同样存在着从认识上的量变到质变的无限循环过程。在实践的基础上，人们获得了关于某一事物的大量的感性材料，这一过程就是量的积累的过程，当人们将大量感性材料在人脑这个"加工厂"中不断地进行"去粗取精、去伪存真、由此及彼、由表及里"的加工后，揭示出事物的本质和规律，将其上升为理性认识，此时人们的认识就发生了质的变化，对这一事物由具体、生动、形象的感性认识转变为抽象、稳定、一般的理性认识，我们把这种认识上的质变，叫做认识的飞跃。可见，认识上的飞跃便是认识过程中的质变。

施教者认识自己的过程也可以说是认识过程中的质变，可以说先是从自己的成长经历理解教育，而后再从施教者的视角认识教育。这一过程是对教育的逐步深入理解的过程，是对自身的再认识过程。施教者的实践过程正是施教者自我认识的来源，无论是直接经验，还是间接经验，从根本上说都来自于教育实践。在教育实践的发展中不断提出新的课题、新的经验，从而提高了施教者的认识能力，推动认识的发展；同时，教育实践还为认识的发展提供新的认识工具和技术手段。因此，施教者只有在自我认识的基础上才能理解教育的本质，所以，施教者首先需要认识自我。

在日常的实施教育的过程中，我们发现施教者的眼光更多地停留在学习者身上，关注着学习者的一举一动，有些施教者甚至达到废寝忘食的地步，却不一定令学习者满意。因此，许多施教者感觉内心十分不平衡，无形之中增加了内心的压力。

试问我们施教者自己：我们错了吗？答案是肯定的：是的，我们错了。错就错在我们只顾认识别人却并不认识自己。这样的回答也许会引起很多施教者的不满，不过当我们静下心来审视自己之后再来看看是否真的有些道理？

下面与施教者们一起做个尝试：

请安静地坐到椅子上，为了防止周围环境中的景物的干扰，请集中精力于内心，此时我们可以轻轻地闭上眼睛，深呼吸三次，当心情平静，全身放松，感觉非常舒适时，开始询问自己——我是一名怎样的施教者？当你觉得有答案之后请慢慢睁开双眼，然后在一张纸上请你用"我是一名_____的施教者"的句式来回答这个问题，至少写出 5 句。这样写完之后，我们完全可以不给别人看，而且永远只有我们自己知道答案。这个过程只不过是要告诉我们用这个方法可以深入地审视自己。我们所写出来的内容一定是我们自己最为肯定的，或者有时是将我们自己的希望写上，不过这会激励我们不久就会拥有这个特点。而没有写出来的，或者脑子里闪过的内容也要认真回忆一下，它会提示我们这些内容也许是我们自己不希望拥有的，或者发现自己确实相距遥远的。但无论怎样，我们发现这个过程可以帮助我们给自己一个恰当的定位，也许会使我们更加冷静地知道自己的现状及接下来该做些什么。

不过需要注意的是，有时我们的自我评价也需要有参考内容。比如：当我们评价自己是一名工作勤奋的施教者时，可以对比一下周围有没有比自己更加勤奋的施教者，这样一来，我们会进一步发现身边人的工作状态，同时在参照与对比之下重新认识自己。也许这样做后我们会把描述性的语言进行修改。在对比中如果我们发现我们所知道的施教者中没有比我们自身更勤奋的，可以改为"我是一个非常勤奋的施教者"；如果发现有人比我们稍强，就会改为"我是一个比较勤奋的施教者"或者改为"我是一个工作努力的施教者"。

这样的过程其实就是在发挥施教者对个人的领导能力，在这一刻施教者在领导自己向一个更好的方向发展。这就是施教者的元认知能力在帮助自己调节自己的意识和行为，能够帮助自己平和心态，更加客观、公正地看待自己，看待他人，这样，施教者的一举一动也将会影响到身边的学习者。

作为自己的领导者，施教者通常要在以下方面对自己进行恰当的自我监控：

首先，要实事求是地面对自己，至少内心如此。

通常，我们作为一个独立的个体，特别是施教者，很多时候其工作的性质是个体活动。虽然我们很提倡合作，但在实际工作中施教者多数时刻还是处于独立操作状态。正因如此，责任也就直指个体。因此，施教者就会比其他人更加有责任感，做起事来更加谨慎，无形之中也就会处于紧张状态，经历过的事情越多自然也会渐渐产生一种相对保守的心态。

在接触中，我发现无论是中国的、美国的还是日本的施教者，他们大多数都会有意或无意地把学习者的表现与自己的工作效果紧密相连。在实际生活中，社会也给予了施教者一种无形的期盼，特别随着社会的不断发展，这种期盼只能越来越高，面对这样的情形，施教者只有静下心来发自内心、实事求是地面对自己，才能在这种高期盼的状态下投入工作。

对于施教者，特别是对从事教育工作的教师所产生的高期盼表示着社会文明程度的进步，也是对知识与才能的需求表现。人们很自然地把获得这些才华与能力的渠道指向了学校，指向了教师。

施教者的范围很大，现在我们叫这个范围缩小，集中在最具社会敏感度的教师方面。

我们很容易发现，尽管教师大都是普通人，但在更多人眼中，教师似乎应该是知识的容器，是能够，而且是恰当地符合各种不同需求地修正学生行为的人。面对这样的高标准，使得一些人开始害怕当教师，承受不了这种来自多角度的高强压力。

作为教师，应该怎么办？作为其他的施教者，又该如何与教师共同协作？我们来看下面两个案例。

 案例一

为了使班风良好，班级管理质量提升，有的教师希望学生排队时能够做到纹丝不动，有人稍有晃动就会上前批评。

殊不知这样的要求更多的是给这些教师自己带来了心理压力，焦虑感越发严重。其实，这是教师在一些期待的促使下，习惯一种尊严感，反而很多时候放不下荣誉，追求形式上完美的情绪进一步强化。

案例二

有这样一位家长，在得知孩子在学校里因为与别的学生打斗被教师批评后心里很不舒服。于是便找到学校与教师理论。理由是为什么教师不更多地批评另一个孩子，因为那个孩子先引发的事端。

这个案例反映出大多数家长的心态，即因为对自己孩子过多地关注，在情感上总是希望自己的孩子不能遭受一点儿挫折，从而把一件孩子成长过程中时常出现的小事也看成了大事，这样便会加剧家长的内心抑郁状态，也会影响孩子看待事情的态度，事实上对孩子的成长造成了非常态的引导。

为了更好地帮助教师与家长，以及其他施教者更好地进行自我调节与监控，我们可以采用美国教育家斯托纳的方法中放下的概念，引导自己减缓内心压力。

选择放下的步骤：

第1步，将精力集中到目前你比较关切的问题上，允许自己去感受相关的感觉。可能从一开始很多人都会因为这个方法看上去过于简单而放弃，这正是斯托纳方法的独特之处：简单才是真相，简单才有效。

起初开始察觉自己感觉的时候，往往都不是很明显，通常能够感受到的都是比较麻木、空白的感觉，这是因为我们绝大多数时间都将经历集中到过去与未来的时间，所以很少去体会自己当下的感受。在使用本方法的时候你并不需要去发现比较强烈的感觉，现在需要做的是体会这些麻木、空白的感觉，然后将它们释放掉，相对于强烈的感受，麻木与空白的感觉更容易被释放掉，只有将这些表层感觉释放掉之后才能够体会到自己的主体情绪。

第2步，问自己这个问题："我是否可以将这些感觉放下？"问这个问题的目的是引导你进入放下的过程，所以无论你的回答是肯定或者否定都是可以接受的。即便你的回答是否定的，也是在释放的过程中。在你尽最大努力回答这个问题的时候减少思考，尽量避免去思考自己做到或者放下后会是一个怎样的结果，这些想法或者疑虑会让你自己产生挣扎，从而影响放下的进程及效果。

本方法中的所有问题都是刻意简化的，所以问题本身并不重要，它们只是引导你进行放下体验的工具，无论你对于第一个问题的答案是什么，都允许自己以更快的速度进入第三步。

第3步，现在问自己这个非常简单的问题："我愿意吗？"同样也要避免心里的挣扎和缓慢服从，这个方法的唯一目的是帮助你从不好的情绪与感觉中摆脱出来，从而让你获得轻松与思维的清晰，这一方法的唯一目的就是让你获得轻松与思维的清晰，所以并不需要去判断自己的感觉的性质及是否应该将它们放下，只管放下就好，放下之后你就会有全新的体验与认识。

如果你的回答是否定，或者有些犹豫，那么就问自己："我是宁愿抱持这种感觉不放还是要获得清晰与自由？"通常我们的选择都是后者，这个时候就可以比较轻松地放下。

第4步，问自己："什么时候？"这个问题可以产生让你现在就来放下的作用，当你可以回答"现在"的时候，就已经轻松地放下了不好的感觉与情绪，当然很多人并不是现在就放下自己固有的感觉，或许需要等上一段时间，但是即刻放下就可以即刻获得轻松与自由，那为什么不选择现在就放下呢？

第5步，重复上面的四个步骤直到你从特定的感觉中走出。当你放下后，你会发现，其实很多事情均有它自己的发展规律，放下了担心就多一份信任，你的态度、行为就会和从前大不一样。比如有些人总担心某学生不行，别人建议他的方法他总是觉得没有用，所以担心不断，以往的方法不改，就会恶性循环，何来改变？

其实，我们应该敢于与他人比较，但要明确比的范畴，不能泛化，以一代全。在比较的过程中，我们的目的是要明确的。通过比较更好地了解自己，发现自己，而非他人。更好地选择发展的方向，检查自身目前的状况是否需要改变或继续保持，或进一步发展。

我的一位朋友是一名大学教师。她是一个很有个性的人，在学术方面有很扎实的功底。她经常喜欢一个人行动，看事情总有与众不同的角度。2011年，她有机会到美国旅游，突然发现自己原有的性格特点是有问题的。她坦诚地告诉我：以前她喜欢到别人不常去或者不去的地方看风景，别人都去的地方反而不太乐意从众。后来发现，当她独自一人欣赏景色时没有人应和，觉得的确没有意思，于是她便去大家认可的地方赏景，却意外地发现众人欣赏的地方的确比自己独自看到的地方更加美妙，因为经常不合群，一意孤行，所以她总是比别人更晚一步欣赏到美景。

我没有过这种体验，但从这位朋友后来的侃侃而谈中知道，她进一步发现了自己，而且在改变着自己。她一直很坚持的观点一时间被自己的经历改变了。我想：她比我的认识更加完整，因为她在个人的认识上又加进了新的体验，认识的范围更广泛了。如此看来，这样的经历帮助她增强了自身元认知的能力，她才是真正走进了自己。

毫无疑问，不仅仅是教师，只要是施教者，在学习者成长的过程中都起到了至关重要的作用，尤其是在课堂教学与家庭教育中，教师与家长当之无愧地成为了孩子们的领导者。这就需要教师与家长的元认知能力的不断提高，才能更好地发挥引领的作用。

我在美国访学时发现，美国教师与家长通常认为自己是孩子的引领者与服务者，孩子的成长不是在延续教师与家长思想的继承人，而是有独立思考力的个体。教师与家长的主要作用是帮助、引领并支持孩子们发展的，向孩子们提供思考的机会和实践的空间。在教育的过程中，这些施教者们更多要做的是倾听学习者的观点，帮助学习者寻找观点与思想可被支持的力量，自然之中便成为学习者的领导者。

到底应该如何培养与发挥好施教者的元认知能力？我们将借助案例分析进行阐释，共同认识。

（1）了解学习者的需求

通常情况下，我们在实施教育的实践过程中发现，施教者的主要职能是帮助成长中的孩子。

首先，帮助，最主要的前提条件是需要了解学习者的需求。例如，当我们双手拿了很多东西，现在又要捡拾掉到地上的物品时，我们是需要帮助的。但是选择帮助的办法很重要。有的人认为自己可以完成，拒绝别人的帮助；有人只希望请他人帮助捡起地上的物品；也有人希望能够帮助拿一下他手中的东西……总之，个人需要帮助的具体方式各不相同。当我们选择帮助他人的方法正是这个人的希望时，帮助是有效的；如果方法的选用不是对方的愿望，就会弄巧成拙，反成添乱了。因此我们要准确认识学习者的需求。

学习者的需求大致分两个方面：一个是内心需求，一个是能力需求。前面已经阐述过，我们可以借助表象技术和谈话交流等方式了解学生的内心状况，及时、有效地帮助学生排除内心的干扰，快乐地成长。让我们再次将思维转回到教师的角度来认识施教者如何了解学习者需求的。我们发现，最初教师在参与研究前总是对学生表现出极大的不满，常常听到的是对学生及对家长的埋怨声。大多数教师对学生的评价是以考试的成绩做标准的，只要成绩优秀，其他问题在老师眼中也不会太重要。

还记得我们在第一章第三节介绍心智的模式时提到过的"手机事件"的案例吗？这个案例让我们清晰地发现：学生的成长总会出现这样或那样的问题的。教师对学生的观察不仅仅停留在表面的现状，更要关注学生的内心状况。不难感受到，教师是学生成长的一面镜子，正是因为教师平时对学生的引导指向了学习成绩，学生也必然对此很重视。特别是要强的学生，为了这一个目标的实现，可以不顾一切地努力，但是，这样的结果却遮盖住学生成长中的一些问题。这就需要教师努力培养自己的元认知能力，学会从学生出现的问题中反思我们施教过程中的问题。就这件事来看，教师需要加强自我检查能力，克服主观臆断，能够站在事情本身进行问题的思考，就不会判断错误了。

再有，当学生的内心通畅，却发现自身的能力限制个人发展时，我们便开始对学生进行认知能力的培养。在这个过程中，我们首先要分辨学生到底缺乏哪一方面的能力，这样才能有针对性地帮助学生进行补充和改进。否则，即使是单纯地用美好的语言鼓励也会无济于事。

下面是王蕴老师提供的班上一名学生的发展过程：

小税是一个非常聪明的孩子。据他妈妈介绍，他在幼儿园阶段就已经认识了大量汉字，因此，读书成了他生活的重要组成部分。被"阅读"这个魔杖点中的孩子，绝大多数都是聪明、机敏、异常突出的。他的情况也恰恰如此。学习方面，他没有任何障碍，只要他想，他就能够在课堂上做最精彩的发言；只要他愿意，他就能在考试中遥遥领先……但是幼儿园带来的益处也与弊端相辅相成，他所在的幼儿园对孩子学习知识非常重视，却忽视了习惯的养成。从他的种种举止就可以看出他习惯松散的个性：裤子永远在腰上挂着，给人稍有不慎就会掉落的感觉；书包一塌糊涂；指甲被啃得体无完肤；桌洞脏、乱、差；字迹潦草；课堂上更是随性而为，什么话都敢说，什么事都敢做；缺乏规则意识，经常不遵守游戏规则，因此屡次与同学发生摩擦和矛盾；每次发生冲突，他都情绪失控，或者破口大骂，或者摔东砸西，或者泪流满面……

刚接手这个班时，我处理起他的众多事情常常感到心力交瘁，焦头烂额，这个软硬不吃的小家伙着实让我伤透了脑筋。

有老师给我建议，让我多表扬他。于是，我就想方设法寻找机会表扬他。但是，很快我发现，他对这种廉价的表扬不屑一顾，而其他同学则因为这种廉价的表扬开始质疑老师的公平和公正。他的出格行为愈演愈烈，班里几个调皮的孩子也往往和他呼应。他们一唱一和，有时候把课堂搞得乌烟瘴气。老师被气得七窍生烟，他们则得意扬扬，同学们则是一脸无辜地望望他们，望望老师，无奈地摇头……

这些情况，让我一次次地反思自己。在跟着课题小组研究的过程中，我不断寻找方法，我终于找到了一次机会。

那次是他与一个男生发生冲突，对男生骂骂咧咧，还扬言威胁。但是，当那个男生看到老师来时，就不再与他争执，而是用沉默和眼泪来表白自己的委屈。在当时的情况下，我暂时没有辨别谁对谁错（这种情况，往往双方都有责任），而是先表扬这个男生的大度和豁达、理智和宽容。看得出，这种表扬得到了大家的一致赞同。

然后，我请小税先去了办公室，然后组织全班学生讨论如何看待和处理这件事情。大家各抒己见，发表自己的看法。从孩子们的话语中，我明显感觉到他们并不讨厌小税。相反，大家都觉得小税虽然调皮捣蛋，但是学习好，肯帮人，热心；虽然心理年龄小，但是还算可爱；虽然爱开玩笑，但是有时候他的玩笑还是挺逗的，让大家哈哈一笑，放松了紧张的心情……听了孩子们的想法，我站在孩子们的角度，似乎也开始喜欢他了。得到了老师的肯定，同学们更加畅所欲言了，就如何管好小税的问题，献计献策。

其中几位常常跟小税一起起哄的孩子说道，上课他发出怪声或者说出怪话，应该不予以理睬，这样就会让他知道这种行为不受欢迎，他就会自我转变的。这句话就像一盏明灯一样，一下子点亮了我的心。对啊！赞美和表扬，不应该吝啬。但是应该赞美谁，表扬谁呢？那些能够抵制住诱惑，充分重视上课时间，在课堂上不理会小税无聊玩笑的同学是最该得到赞美和表扬的！

从那天起，我每天都在寻找机会搜寻那些在小税出怪声后，没有理会和呼应他的同学。很快，课堂秩序明显好转。而小税也因为无人呼应，过分的行为也渐渐变得销声匿迹了。

在集体力量的影响与帮助下，小税越来越有进步了，他逐渐体会到转变自己反而会得到大家认同的感受，自信心也渐渐恢复了，在班级建设中发挥着自己的智慧。

我更是从这个亲身经历的小故事中，发现了研究的力量，也发现了学生集体的力量。很多时候，良好的班级建设会在不知不觉中培养人、塑造人。

在这个案例中，我们发现，孩子的自信更多地来源于自身的能力转变与发展。当确定他们的能力低弱时，我们要做的就是要寻找他们的能力底线，设计有效的转变与训练方案，重点在改变认知能力与提升认知能力方面给予可操作性的帮助，教会他们如何提高做事的技能；然后在此基础上帮助孩子认识自己的成长事实，了解自己努力之后的进步与变化，促使孩子在认知能力提升的前提下提高元认知能力的水平。

（2）透过学习者反观自身

准确发现并有目的地帮助学习者增长认知与元认知能力的过程就是施教者自身元认知能力提高的过程。

再如，在我的身边有这样一个孩子，由于家庭教育的缺失造成了他生活的技能极其低下，可以说是一个完全零起点的状态。他的任课教师对这个孩子失去了耐心与信心，认为他不太可能像别的孩子一样去完成各项学习任务。望着这个孩子发呆的眼神，几乎没有反应的面部表情，甚至连走路都跌跌撞撞的，老师的担心也是可以理解的。但是，从这个孩子的细微表现让我坚信：他是可以改变的！

在进行单独训练之后，我开始与这个孩子的任课教师合作。说实话，帮助这个孩子我并不觉得艰难，但是争取任课教师的共同参与却让我经历了艰辛的历程。真实地讲，有几次我都想放弃了。但是，孩子的眼神、他的朴实时常让我感到一种义务，一种责任。我必须坚持！就这样，我在任课教师最初的不情愿甚至是不理解、不相信的猜疑状态推动着这个训练的进程。从一句句地介绍自己的训练方法，到手把手地演示教孩子的过程，兼顾每个阶段坚持指导家长的家庭训练方式。渐渐地与任课教师的配合越来越紧密，直到真实地看到这个孩子的变化与朴实的学习热情，老师们开始相信并愿意积极地指导着孩子，引领着这个孩子的发展。

最令人感动的是：这个孩子的成长过程不仅仅赢得了几位任课教师的信任与合作，而且引发了这些老师的自我反思。其中一位老师激动地说："我很感谢这个孩子，是他改变了我原有的许多教育观点。我一直认为这个孩子不会有什么发展，说实话觉得帮助他很浪费时间，所以不太愿意用力气。但是，与这个孩子接触得越多，越发现他的力量。他很朴实，的确像一张白纸，只要你找准他的切入点用心去描画就一定会有收获的。他的变化给了我许多启发，让我真正意识到每个孩子是不一样的，他们都有自己的特质，我们必须找到他们的需要才能实实在在地帮助他们。"

与此同时，这个孩子的妈妈介绍说："孩子越来越会和我进行交流了。原来无论问他什么他都不会有反应。可是现在每天见到他都能听到他主动地介绍一天的情况，还有自己的思考。我觉得以前一定是自己没有读懂这个孩子。"

这一过程虽然是在帮助这个特别的孩子成长，但是，如果带领孩子的教师自身不具备发现与反思与自我调控能力，也许我们就不会见识到这样有变化的过程，从中收获思想吧。因此，与其说教育是孩子成长的需要，不如说是教师，甚至家长们的一次新的成长，是对教育的重新审视吧。也只有教师的真正改变与发展，才能更准确、有效地引领我们的学生。

无数案例都在清晰地证明着：每个人天生都具备领导力，而这种能力的发挥，需要在不同的情境下表现出来，元认知能力的培养与形成就是在给予这种能力有效发挥的保障。我们完全可以透过学生的表现反观我们自身的情况。作为一名施教者，我们是可以相信这个结论的正确性的。

其实结论的真伪性并不难证明。举例来说：每一位施教者一旦站在学习者的面前，对大多数学习者而言就已经发挥了领导力。因为施教者通常会教给学习者新的知识；讲述与解读学习者不够明确的道理；在学习者之间发生争执时，学习者总是期盼参考施教者给予各种评价。此时此刻，施教者的正确的判断与行为就是在引领学习者。但是随着社会的不断发展，信息量的不断增加，更多的施教者越来越感觉现在的学习者不如以前的学生听话、好管，甚至有时会感觉施教者反被学习者在领导。

实际上，这种现象并不奇怪，也不是社会的倒退，相反，这正表明社会在飞速进步。当今社会真正进入了教学相长的时代，学习者的见识与信息量在某种程度上来说不亚于施教者，甚至有的高于施教者，他们之所以会"不听话""不好管"，也许是因为他们知道的、想到的超出了施教者思考的范畴，他们的经历告诉自己，施教者说得有的不全面，有的不正确，还有的已经落后了；也许学习者真的是错的，但是在他们的认识领域中，施教者的要求还不足以让他们信服。因此，社会的发展更需要施教者不断提高自身的元认知能力，培养自己具有高强的领导能力，做到这一点，施教者首先要强大自身，充实自身，引领自己跨越更高的界限，适应时代的需求。

在教育过程中我们应该做的不是害怕，而是重新审视自己的定位。我们要注意引领自己的情绪，使得自己积极行动起来，这便是元认知控制能力的作用。前面讲过，元认知控制是对认知行为的管理和控制，是主体在进行认知活动的全过程中，将自己正在进行的认知活动为意识对象，不断地对其进行积极、自觉的监视、控制和调节。因为要知道，人的情绪是可以操控个人行为的。回想一下：当我们处于紧张的状态时，一些教师总是会担心眼前的这个学生会出现问题，于是教师就会下意识地总是盯住他，只要他一动教师就会紧张、慌乱，就会主动控制。其实越是这样，这个孩子越会感到教师给他带来的约束感，也就越引起他内心的不满与不解，因为站在他的个人角度来看，他根本没有觉得自己是有问题的，也就更不会知道有什么问题。于是他总想试探教师是否针对他，最终反而会把教师激怒。

比如，在中国和美国的课堂中，纯属巧合地看到这样的场景：教师正在讲课，一名学生手中挥动着尺子边听边玩。此时教师不必怒视他或者上前夺过他手中的尺子的，因为这样会把他的注意力集中在如何从教师手中拿回尺子的愿望上。就像我们正在专心看书，突然有人把书拿走，这时我们的心情会怎样？我们会认为这个人也许想和我们讲话，也许想提醒我们什么吗？通常是不会的。我们的第一反应就是我的书怎么会突然没有了？我们也一定会在此时气愤别人为什么要拿走我们的书。如果我们可以改变一种做法：那么此时，我们这样处理可能会更符合孩子的情绪，我们走上去问他："你现在要用尺子吗？""先放在那儿，一会儿让它发挥作用吧。"这样孩子会自然地理解自己当时的行为与场合不符，他会在教师的提示下审视这件事的意义，而非是尺子本身，这样效果会大不一样，教育效果也会大不相同。

这个例子告诉我们：作为教师要学会审视孩子的内心真实的感受！借助学生的反映发现我们自身的情况。

（3）寻找与学生的共鸣

真正培养并发挥好自身的元认知能力，对自己进行有效监控与调节，促使教师自身的发展，还应努力在课堂教学中寻找与学生的共鸣。

生活中我们经常遇到这样的场景：当我们看到一个人在自己的眼前摔倒了，

我们便会不由自主地"哎哟"一声，或者紧蹙眉头同情地望着对方，其实这举动源自于我们自己曾经也摔倒过，那痛的滋味依然留存在记忆中，随着他人的行动将这份感觉再次唤起，就会与眼前摔倒的人产生共鸣。正因为这种真实的感觉复现，才使得我们有了同情心。于是，我们会走上前告诉那人："没关系，一会儿就好。""慢慢起来，轻轻活动一下，看看骨头伤到没有？""看看破没破，如果破了别沾水，赶紧去上药。"这些都是我们各自不同的经验，是一种对此事的实际认识。这个过程与其说是理解，不如说是自己的真实感受再现。看来，理解他人需要产生共鸣。

很多时候，我们是靠感觉判断或选择做事的方法。在美国，教师们也会定期进行教研活动。通常情况下以教师提出教学中的问题为主，请资深的老教师来提供解决方案。有时教师会点头称是，有时摇摇头，耸耸肩，说一声："这个，我可能用不好。"这个过程真实地说明教师间的方法交流就是彼此间的感觉交流，感觉通了，方法就通了。所以，教师需要认识自己真实的感受，交流也要建立在感觉描述的基础上才会产生共鸣。

至今笔者在教育战线上已经度过了 20 个春秋，虽然比不了老教师从教的年头，却在这不长的时间中欣喜地寻找到永久的思考空间。

20 年之间，笔者听过许多教师的课，均有回忆萦绕心中。青年教师青涩跃动却清新质朴；中年教师，朝气渐退却沉稳有佳；老年教师节奏平缓却意蕴深长。这之间听过许多学科的课，语文、数学、音乐、美术、体育、科学、心理、物理、化学……走进过中国北京、上海、浙江、山东、辽宁、深圳、台湾、香港、澳门，也去过新加坡、日本东京、新宿、岛根，美国波士顿、休斯敦等不同地区和国家的多种学科的课堂教学。最为突出的感觉就是不同学科不同教法，不同角度不同感悟。现如今社会上更是名师辈出，争芳吐艳，异彩纷呈，有多少名师就有多少优秀的教法，有多少教法就有多少成功的教育思想。

也正因如此，更多的教师大量地捕捉着教学方法的信息，游历于方法的海洋，不停地选取、运用最新颖、最独特、最具时代感的妙招，但最终发现，没有一样方法适应所有的教师和学生。因为那些方法源自于这些教师的心灵深处，是一种自然流露，不加修饰地呈现。这是一种自然的感觉。如果我们的感觉能够与之产生共鸣就会赞叹这方法的妙用，即使模仿也会神似，此时，这样的教师便对我们产生了真正意义上的领导力。否则也只能是依葫芦画瓢，效果不佳。其实，真正恰当的教学方法就在每一位教师的内心，每个教师都有着不同角度的领导力。

当我们静下心来沉淀之后，将这些成功的人、这些成功的事综合于心，客观真实地仔细分析比较，最终就会豁然开朗，发现一条亘古不变，适用于任何学科、任何教师、任何时代的规律，那就是——人的认知能力与元认知能力决定着教师对教育教学认识的高度，决定着教师选取教育教学的方式方法。

不是吗？当我们走进那些成功的教师，聆听他们的经验介绍，观摩他们的现场教学时，我们会惊奇地发现，他们并没有什么独门秘诀，甚至感觉依然留有缺憾，但的确有令人神往、连声叫绝之处。这究竟为什么？

我们不妨这样重新思考：当你喜欢听一位教师的课时，我们是否问过自己为什么？我们也许会说："他讲得很有趣。""他讲得让我明白。""他讲得新奇。"……他为什么会让我们产生这种感觉？他抓住了什么？

那是因为他与学生的感觉有共鸣，能够碰触到学生的内心需要。他的思维轨迹刚好与学生的思维轨迹运行一致，对学生来说起到了领跑作用，既帮助学生明确或肯定了前行的方向，又在学生迷茫不知所措时提供了解决问题的办法。这便是学生心中认可的具有教师领导力的人。他适合学生的需要，学生也就会跟随他的思想。

其实，也许这些名教师自己并不清楚为什么会吸引如此多的追随者，因为他们自己还会时常发现还有一些人并不跟随他们的观点，没有那么爱听他们的讲述。那是因为他的方法不适应那些学生的内心需求，心路不在同一条轨道上。对这些学生来说，他又不具备领导力。

因此，我们之所以认同一个观点，认可一个方法，正是因为我们找寻到生活中的共鸣。因此，作为教师只有与学生产生共鸣才能发挥好自身的领导力，成为学生心中真正的领导者。

总之，教师很需要认识自己。认识自己就会更好地认识他人，认识学生，认识家长，更准确地选择恰当的教学方法，证实了人的成长，无论是教师还是学生，都是需要认知能力与元认知能力培养的，也正因如此，人的心智能力的发展才能越发健全！

第六章
心智能力的判断与引导

　　哈佛大学有这样一个名句，"教师的作用不是为了改变孩子，而是开发出孩子内在的能力"。那么，开发人的潜在能力是要建立在真正了解人本身的需求与状态的基础上实现的。

　　前面的内容介绍让我们不得不承认：关注人的心智发展状况，是促使人健康成长的重要任务。那么，在进行心智能力训练之前，我们首先需要对学习者的心智情况进行一个初期的判断，了解学习者已具备的心智状态，以便于更有效地进行心智能力提升的练习。

　　笔者认为，判断是否准确是解决问题的关键。那么，判断所需要的必备条件应该是详细而相对完整的信息，判断人对信息的快速捕捉、分辨与处理的能力。在这几个环节中，关键是信息的收集。

　　在收集信息的过程中，我们必须避免以下现象：我们经常发现，很多人，特别是施教者在面对学习者时总会以教育的方式出现，如不给学习者说话的机会；在别人说到一半儿话的时候就会根据个人经验去拦截阻断，仅仅以听到的部分信息给予结论性的评价；刚刚听到一个人的名字或者事情的开始就敢于发表意见……

　　这种判断方式如果在过去的时代还是可行的，因为过去的时代中无论是人还是事都是在一种模式的框架中生成与发展，经验自然是最为权威的。但是，在互联网，或者说是大数据时代下，大量的信息充斥已经将一些经验覆盖，这就是新生代能量产生的最重要的依据。

　　因此，信息的收集与分析是进行准确判断的关键。具有高强判断能力的人，首先能够发现不同状态的信息，并且认识这些信息的内涵与意义，也就是说以概念的方式来理解，然后将这些概念联系起来，进行整合思维；或者将概念展开，随时发现事物之间的内在联系和关系，最终对事物才能有所肯定或否定。

　　例如：在与两个孩子的接触中，我们发现这两个孩子都会出现经常莫名其妙地哭泣、发脾气，或者做出一些怪异的行为的现象。经常有人会问笔者："遇到这样的孩子有没有什么办法？"

通常情况下笔者不会马上给予回答，因为仅仅简单地了解孩子的这些基本现象就给予判断是一种极端不负责任的，而且只是依靠单方面的情况表述更是信息不完整，所以，此时的任何评价都会有所偏颇。实践告诉我们：许多问题的产生并不是大致的环节可以促成的，而是一些在生成过程中的某个细节所产生的决定性效果。因此，人们常说"细节决定成败"是很有道理的。

鉴于上面的两个孩子反映状态相同，我们不能立即确定进行引导的方法，而是应该做好以下几步：

首先是相关人士的信息的收集。孩子的成长离不开环境。这里环境指的是人为环境与事态环境。人为环境主要指孩子的父母、亲人、陪伴他成长的人，或者是短时间内遇到的人。事态环境指的就是事情的完成过程与发展的情况。

其次，我们要尽量听取相关方面的信息反馈，了解他们各自的观点、事情发展的细节，观察人员的行为举止。这个过程应该是进行判断最为占时的部分，信息采集得越丰富（指不同角度）、越详细就会越有分析与判断的价值。

最后，依据采集到的信息进行汇总，这个过程是最需要花费心力的环节。主要为了发现各种信息之间的相互联系、相互影响，以便集中信息寻找出问题的原因，从而确定解决问题的方案。再进入到引导的环节。

引导，是指通过行为帮人走出困境，或是带着人向某个目标行动。引导者处于主动位，被引导者就是处于被动位置。

按照这样的解决问题流程我们开始进行了操作环节：

我们分别了解了两个孩子（后面以 A、B 的方式表述）接触的人为环境与事态环境。发现 A 的家庭结构比较简单，只有父母。只是尽管孩子刚刚上四年级，他们的年龄却已经是 60 岁左右了。

我们首先听取了孩子的任课教师对孩子的描述，认为他很聪明，但是不能控制自己，经常闹出一些恶作剧，而且不听任何人的劝告与批评。在与孩子的父母交流时，发现父母对孩子的教育已经处于无奈的状态。他们都认为这个孩子聪明，尤其在学习一些难度大的事情时更能显现孩子的能力。但是这个孩子不受管教，父母用尽了各种办法，但始终不能让孩子稳定，使得父母感到身心疲惫。

在交谈过程中，教师与父母都提到这个孩子是从一所学校新转学过来的。转学的原因是因为原学校教师对孩子态度不好，经常组织学生欺负他，所以待不下去只好转学了。最后一个环节就是与这个孩子直接接触，观察孩子的行为变化。我发现，这个孩子的反应速度的确很快，还能够依据现场的情况及时调整自己的状态。让人与他的交流并不轻松，有一种步步紧逼的感觉。

当然上面的这种描述基本是感觉方面的，人物与环节的描述还是不够精细，比如，不同的人在阐述的过程中的每一句话，每一个表情，每一个动作都是信息的一部分，我们不太可能进行特别详细的记录。所以，我们在进行体验课训练时，通常采用录像的形式再现这个完整的过程，随时停止随时分析，这样才能清晰地进行说明与介绍。不然，像这样的文字记录，如果缺少现场气氛的烘托也不能完全让第三方具有比较接近真实的感觉。而这种感觉很需要接收信息的人快速地转换为自己的体验感。可以说，这个过程是对处理与判断信息的人的能力要求较高的检测。因为，所有信息的组合与分析都需要在有限时间内进行头脑内部的检索、分辨、组合，再提出问题的关键，最终选择解决的方案。

再来看看孩子 B 的家庭状况。孩子 B 的家庭比较特别，母亲带着弟弟居住，父亲常年在外偶尔回家一趟。奶奶带着这个孩子居住。这样，奶奶成为了教育孩子的主要力量。由于长期接触，奶奶很能发现孩子的优点，逢人便讲，但是对于孩子的问题喜欢寻找旁人的原因；妈妈是一个富有理性思考能力的人，能够客观地评价孩子，但是由于工作繁忙，不能随时陪伴在孩子身边；爸爸经常不回家，一回来便是严肃地、认真地询问孩子各方面的情况，一味地给予理念指导，孩子有些惧怕与抵触。三方面的教育观念在同一个孩子的发展中碰撞总是出现不够协调的情形。

在与孩子交流时我们发现孩子的情绪波动的确很大，焦虑感较强。从孩子表述的细节中我们了解到，这个孩子总是认为别人在批评他，找他的麻烦，所以他总是处于不开心的状态。

由于两个孩子的基本情况差异过大，所以我们针对两个孩子分别进行判断，制订不同的引导方案：

我们对 A 的判断是，这个孩子自主性过强，已经习惯于指挥他人，一旦碰到自己的想法不被服从时就会采用各种方法去争取，直到对方同意为止。比如，他希望妈妈给他做蛋糕，如果被拒绝了他就会生气、叫喊，然后倒地、摔东西，再之后会咬人、大哭，甚至采取道歉的办法，然后继续要求……

面对这个孩子我们的引导方法是：让孩子把各种方式表现出来，然后告诉他这些方法都是不可行的，并指出这些方法会给他带来的危害。然后引导他尝试实现愿望的方式。比如，可以与妈妈商议能够做蛋糕的时间，听听妈妈的理由，与他探讨不能实现的原因，引导孩子进行内心体验式的反思。

而我们对 B 的判断是孩子内心产生了过久的压抑感，需要一个释放的渠道。于是我们采用的引导方式是请他的这几位家庭成员集合在一起，听他把内心的感受一吐为快。起初，孩子迟迟不肯表述，之后开始用双手蒙住眼睛述说一件件内心不愉快的事情。比如，奶奶经常唠叨他的写字姿势不对，总是说他；同学某某碰到他不道歉，等等。渐渐地，转变为讲述自己认为开心的事情，慢慢地又发现他讲述的内容中有了是非的分析，越来越多地产生了正能量。

这样，他的父母、奶奶都知道了他的真实想法，在这个过程中我们还适时地引导三位家长认识到自己存在的、不经意间出现各自的问题，以此与孩子拉近心的距离。就像孩子的妈妈说的："教育孩子真是不容易啊，我也和孩子一起又重新长大一次。"

其实对于家长的心情我们也不难理解。尽管家长们个人成长中有过许多成功，但对于做家长这个角色他们大都是第一次。正是由于角色定位的变化，思维的角度与方式就应该做出相应的调整。这就让我们领悟到：人的经验不是万能的，按照个人的思路去体会他人的感受通常是行不通的。特别是当今的个性化社会人们的思想逐渐趋于本能的发展，就需要施教者进行适合不同人本能发展需要的恰当引领，而不是在自我经验的猜测情形下强硬地扭转与引导。

就像一个不会游泳的人掉入水中，本能的表现就是快速地蹬水、挣扎。如果此时我们给予再正确的方法指导也无济于事，只有给予落水者最易操作的救护才能使其得救。

当然，这个互动过程多数情况下比较漫长与复杂，需要引导者能够随时把握情形与及时发现转向时机。做到这一点的关键就是在准确判断的前提下，结合交流场景迅速而准确地捕捉对话与点拨的机会。

有很多人提到过：这个时机我们不会把握，这又是解决问题最重要的一环，应该怎样操作？

我们认为，这个环节的把握的确重要，单靠方法说明是不能掌握的。重要的是引导者本身的各种信息提取、分析与敏感度的状态如何。比如，有一位独生女的妈妈从小就是被呵护长大的，她自己看到水瓶倒了都不知去扶一下，怎么可能去引导自己的孩子去扶呢？因此，这就是我们进行心智能力训练的必要性。我们在引导学习者与施教者各自进行内心的自我梳理，然后才能给予适合的方法引领，有目标地进行特别训练，最终便可以帮助施教者发现有效的施教方法，帮助学习者获得自我成长必备的各项能力。

对于每一位施教者而言，我们在实施教育的过程中总是会遇到这样或那样的问题，很多人就会因此焦虑不安。其实这是再正常不过的了。关键是我们如果分析出这些问题的原因就能够找到解决问题的办法。

下面我们再就一些案例分解判断与引导的方法。

🍀 案例一

判断一个人出现自信心降低的原因并不是单纯告诉这个人要相信自己就行的。通常我们会引导此人对自己进行内心的检测。

例如，一个孩子在一次考试后由于发现自己的成绩很差，感觉自己很笨，一时情绪低落。于是我先与他进行了交流式谈话，了解到他没有考好的原因是试卷没有做完，继续究其原因，是因为考试当时注意力不够集中，被窗外的事物吸引。又继续了解了他平时的一些情况，发现走神儿是他的习惯行为，而这些情形的表述都显示出这个孩子平时缺少做事的目标，处于懒散状态，呈现出无所事事的状况。

这便可以判定为家庭教育在给予孩子参与家务劳动环节上有严重的缺失。与家长沟通后他们很是认可，于是和孩子商量确定每天的固定任务，这样孩子感觉十分开心，行动的积极性被调动起来，成绩也自然提高了。

有人会奇怪，考试与做家务劳动有关系吗？对于这样的孩子来说答案就是肯定的。因为孩子从小衣来伸手饭来张口，没有尝试过专注完成任务的体验，所以每天总是想入非非，越想距离现实越遥远，久而久之就陷入了无聊的状态，形成了一定的思维习惯。因为这个孩子是一个要强、希望别人可以看到他价值的人，那么做家务应该是最实际、最可行的事情，他的认真精神瞬间就能够发挥，并让自己看到成效。所以，如果仅以成绩定位孩子的发展就是不合理的。人的发展与积累与其成长的需求与有效培养环节的设计有着很直接的关系。判断准确度高，自然引导的效果就显著。

🍀 案例二

例如，在训练课上，我们让学习者找出下面图片中正确的影子。

其中三位学习者都出现了表述不清的现象。经过分析发现，尽管三个人呈现出来的都是表达问题，但形成的原因却大不相同。

第一位学习者由于选择同时对比下方的两个影子，在叙述时就会混合信息。当信息不够独立时，就会令听的人信息混乱，难以辨析。

第二位学习者在先是选择了一条从左上到左下再到右上最后到右下的观察路线进行比较，但是在讲述的时候却重新选择了观察顺序，使得自己在原有信息积累的状态再重新组织信息，因此出现了自我表达混乱的情况。

第三位学习者则是在看到图片时就已经在寻找几个影子之间的差异了，于是急于表达自己的发现结果。由于没有听清讨论的要求（需要有顺序地介绍观察结果），而直接解释影子细节上的差异，所以引发其他学习者的质疑。因此，第三位学习者表达的混乱原因源自于接收信息的环节不够清新。

通过三位学习者的表现我们看到：很多时候，尽管人们的行为表现形式大致相同。但是由于形成的原因存在巨大的不同，解决问题的方式也就不能采用相同的方式。

当我们发现三位学习者各自的问题形成缘由后，先是引导三人对自己进行自我认识，回忆自己的思考过程，了解自己的思维状态，然后再进一步引导三位学习者深入发现自己原有的思维模式带给自己思维的结果，最后促使他们每个人依据自己所能认同的方式进行思维调整，最终在他们的主动参与中尝试新的思维方式，以改变、突破原有思维屏障。

🍀 **案例三**

青青（化名）曾经因为不爱讲话，被认为有语言和听力障碍，致使又出现了学习障碍。当我接触这个孩子的时候，却发现孩子的一些细节表现并不符合这些判断。因为我看到孩子的微表情中总是隐藏着对眼前的人或事的清晰态度，于是判断为她的问题出现在情绪方面，情绪的产生应该源自于她对事情的认识具有个性化，与周围的人欠缺沟通环节。

断定之后，我开始进行第一个环节，激发她的说话愿望。她是一个个性十足的孩子，从家庭教育的情节与学校教育的反馈都证明她的情绪出现在不愿服从别人的管理。这就是激发她讲话的关键点。我设计了刺激她的问题："你可能就不会讲话。但是这样很是可惜，因为你有很强的本领可以带领更多的同学做事情。很遗憾，你的本领发挥不出来，因为你不会讲话。"

当笔者讲完这段话之后，她抬头望了望天空，沉默了许久，突然像决堤的大坝，一连串的语言涌流而出："谁说我不会说话，我就是有这个本领，可以让很多人听我的。我为什么要听别人的？为什么要听老师的？为什么要听家长的？你们以为我什么都不会？其实我什么都知道，我就是不愿意和你们说话，这样你们就拿我没办法。我为什么不能像天上的小鸟自由自在？为什么不能自己做自己的事情？……"

听着她滔滔不绝的讲话，我和她的新任班主任激动得流下了泪水，孩子终于开口讲话了，她没有任何障碍，她可以从此开始认识并发展自己。也正是从这次开始，在班主任的积极努力与配合下，这个孩子行动起来了，渐渐跟上了集体的步伐，不断地转变并提升着自己。

俊俊曾被医生诊断为发育迟缓，甚至被专业人士怀疑有自闭症倾向。但是，事实让笔者发现，在与孩子每一次的交流中，都能感受到他的真诚与期待。就这一点点细节的存在让笔者坚信他不是自闭症。他只是因为前期的家庭教育缺失，没有给予他任何生活的指导，致使孩子连穿衣、吃饭、自己拿东西甚至独立走路……这样简单的训练都不曾有过，基本是由家长全权替代的。所以，对他的判断是严重的自理能力缺失。于是，我开始了对他的引导训练。

首先从改变家庭教育环境做起，指导家长对孩子进行零起点的辅导。这里包括训练肢体反应、眼神的提示、动作的操作，以及大胆放手地自主练习。

然后依据孩子的基本表现指导实际操作练习。比如，按指令数小棍，拿东西，独立做家务，听别人讲话时的行为反馈等细节体验。渐渐地，在他的任课教师的协助下，他终于可以正常地参与课堂教学与家庭的互动活动了，学习成绩也在随之提高。

结合上述两个孩子的转变过程，我们发现：医学的诊断的确可以辅助教育的判断，但是并不一定可以做最终答案。

许多案例证明：按照医学的评价指标诊断的结果在实施教育的过程中是可以改善的。这大概是由于孩子的年龄尚小，一些行为表现本身就有不确定性，因为他们并不具备独立自主地自我认知与元认知能力，更多的时候他们对自我的认识停留在外界对他的评价与引导中。

例如，有一个被判定为多动症的孩子，每天都在不停地挥舞着胳膊，不停地浑身扭动。但是我发现，当他被一些新奇的事物吸引时，他可以瞬间停止所有的动作，专注于这些事情上，于是判断他不是多动，而且缺乏自制意识。当我告诉他："你没有多动症。"一时间，他愣住，我马上说："看，你可以这样安静不动的。"这个孩子看了看自己可以做到不乱动了，也很高兴，连连说："我没有多动症。"这之后在他的任课教师与家长的紧密配合下，他终于摆脱了自我暗示，培养了自制能力。

还有一个孩子被医院诊断为情绪抑郁症。在与他的对话过程中，我发现他的确具有许多抑郁症的现象。但是，当给予他肯定，满足他的愿望的时候，他又表现得十分阳光。因此判断他应当是习惯性的自我满足期待，只要顺服他的意愿他就高兴，且做事很有分寸；如果不合心意他就会发泄，不开心。研究了他的家庭状况后发现，他的家庭教育对孩子的溺爱所产生的影响非常严重。妈妈就是独生子女，从小到大备受呵护。这个孩子依然由姥姥照顾，什么都是顺从孩子的意愿，因此养成今天的样子。在进行互动交流之后，家长与教师积极配合，孩子的转变的确很明显，再到医生那里复查时，医生惊奇地说："好得真快！还没有见过好得这么快的病例。"但是，由于孩子缺乏持久性，家长也没有继续与教师配合，溺爱的情况再次出现，孩子的情绪开始有些回落。

结 束 语

总结六个章节的内容，我们不难发现，教育本身就是多元化的。一个人的成长与施教人群的观念、实施方式都有着极大的关系。社会越是发展，对人的培养越需要精细。

很多人以为，教育就是给予，就是灌输道理。其实，教育最应该研究如何在符合人的成长规律基础帮助人的发展，也就是自然发展必备的各项条件。对于成长中的人来说，道理是空泛的，体验才应该是成长的主线。在体验之后才能理解一些道理。

过去的教育，是需要道理说明的，因为人们多数时间是在进行传帮带式的模仿体验，有一定的实践但只是重复前人教授的方法，并没有思考为什么，从而不能提升认识，所以不能形成思想体系，不利于高阶思维能力的发展。而在今天这样一个数字化的信息时代，信息技术的发展与壮大替代了烦琐的人工操作，人类前所未有地减轻了低阶知识与能力的负荷。对于个体而言，所需要做的不是记住所学知识是什么，而是学会运用、重组这些信息并作出新的、有推动力的决策。

杜威在《我们如何思维》中提到了思维的性质。杜威认为高阶思维即是反省思维。杜威提出了"反省思维的五个形态"包括"暗示""直接经验的困难""事实材料的收集""观念或假设的含义的推演""观念或假设的检验"。

我们所认同的所谓高阶思维，是指发生在较高认知水平层次上的心智活动或认知能力。它在教学目标分类中表现为分析、综合、评价和创造。高阶思维是高阶能力的核心，主要指创新能力、问题求解能力、决策力和批判性思维能力。高阶思维能力集中体现了知识时代对人才素质提出的新要求，是适应知识时代发展的关键能力。发展学习者高阶思维能力蕴含系列新型的教学设计假设。

新时代的到来，人的发展已经走向了不断超越自我的高度。达到这个高度是人类发展的必然。但是如果在人的成长进程中，由于人为因素阻碍了发展，就会造成各式各样的情形。因此，心智能力训练即将成为新时期的需要。

需要说明的是，我们在心智能力训练过程中选用一些简单的，甚至一眼就可以看出结果的素材作为培训资料，就是因为关注到人在成长时，往往更能从简单的事物中得到启发与思考。在排除学科内容限制后，以简单而纯粹的操作方式进行各种心智能力的培养最能得以充分的体验，获得具体而实际的效果。

在此感谢参与其中的研究者们！

感谢大家的支持与信任！

感谢大家的体验与随时的交流！

感谢大家始终如一的研究热情！

我愿意继续将研究进行到底，更好地服务于更多的可爱的孩子，服务于更多的家庭，服务于更多的教育工作者！

参 考 文 献

艾森克，基恩. 2009. 认知心理学. 高定国，何凌南等，译. 上海：华东师范大学出版社.

彼得·圣吉. 1998. 第五项修炼——学习型组织的艺术与实务. 郭进隆，译. 杨硕英，审校. 2 版. 上海：上海三联出版社.

程素萍. 1996. 问题解决中的元认知研究综述. 教育理论与实践，（3）：16-19.

程郁缀. 2003. 唐诗宋词. 北京：北京大学出版社.

褚斌杰. 2002. 《诗经》与楚辞. 北京：北京大学出版社.

丁爱珉. 2005. 数学教学中发展学生联想能力的实践与认识. http：//www.lwlm.com/jiaoyulilun/200806/52640p2.htm

董奇. 1989. 论元认知. 北京师范大学学报（社会科学版），（1）：2.

董奇. 1993. 儿童创造力发展心理. 杭州：浙江教育出版社.

方富熹，方格. 2005. 儿童发展心理学. 北京：人民教育出版社.

冯江平. 2000. 儿童心理问题咨询与矫治. 杭州：浙江教育出版社.

傅建明. 2001. 教师与校本课程开发. 教育研究，（7）：56-60.

加里·D. 鲍里奇. 2002. 有效教学方法. 4 版. 易东平，译. 南京：江苏教育出版社.

劳拉·E. 贝克. 2007. 儿童发展. 吴颖等，译. 南京：江苏人民出版社.

乐国安. 2001. 现代美国认识心理学. 北京：中国社会科学出版社.

李安德. 1994. 超个人心理学. 若水，译. 台北：桂冠图书股份有限公司.

李丹. 1987. 儿童发展心理学. 上海：华东师范大学出版社.

林崇德. 1995. 发展心理学. 北京：人民教育出版社.

林仲贤. 1988. 中国大百科全书·心理学. 北京：中国大百科全书出版社.

刘杰，孟会敏. 2009. 关于布郎芬布伦纳发展心理学生态系统理论. 中国健康心理学杂志，17（2）：250-252.

刘金花. 1997. 儿童发展心理学. 上海：华东师范大学出版社.

刘澜. 2009. 领导力沉思录. 北京：中信出版社.

马启伟，张力为. 1996. 体育运动心理学. 台北：东华书局.

皮亚杰. 1981. 发生认识论原理. 王宪钿等，译. 北京：商务印书馆.

七田真. 2004. 如何培养儿童右脑. 张慧，译. 北京：科学技术文献出版社.

钱铭怡. 1994. 心理咨询与心理治疗. 北京：北京大学出版社.

桑标. 2003. 当代儿童发展心理学. 上海：上海教育出版社.

司马贺. 1986. 人类的认知：思维的信息加工理论. 北京：科学出版社.

宋丽波. 2006. 表象的心理学研究与想象力训练. 北京：北京科学技术出版社.

维果茨基. 1997. 思维与语言. 李维，译. 杭州：浙江教育出版社.

维果茨基. 1999. 维果茨基儿童心理与教育论著选. 龚浩然等，译. 杭州：杭州大学出版社.

温寒江，连瑞庆. 1997. 开发右脑——发展形象思维的理论和实践. 杭州：浙江教育出版社.

温寒江. 2003. 让智力得到最佳发展. 北京教育研究，（5）：2-8.

吴冬芹，周彩英. 2004. 浅析沉浸理论在教学中的应用. 安康学院学报，16（6）：89-92.

吴淑娟. 2002. 大学生的元认知能力及培养. 理工高教研究，21（1）：64-65.

熊哲宏，李其维. 2002. 论儿童的文化发展与个体发展的统一——维果茨基与皮亚杰认知发展理论的整合研究论纲. 华东师范大学学报（教育科学版），20（1）：1-11.

熊哲宏. 1995. 皮亚杰哲学导论. 武汉：华中师范大学出版社.

熊哲宏. 2000. 皮亚杰发生认识论的康德哲学框架. 华东师范大学学报（教育科学版），（3）.

殷红博. 1999. 儿童关键期与超常智力开发. 北京：中国戏剧出版社.

詹姆斯·卢格. 1996. 人生发展心理学. 上海：学林出版社.

张文新. 1999. 儿童社会性发展. 北京：北京师范大学出版社.

中国心理卫生协会等. 2005. 心理咨询师（二级）. 北京：民族出版社.

朱智贤. 1993. 儿童心理学. 北京：人民教育出版社.

左任侠，李其维. 1991. 皮亚杰发生认识论文选. 上海：华东师范大学出版社.

David Disalvo. 元认知：改变大脑的顽固思维. 陈舒译. 北京：机械工业出版社，

David R Shaffer. 2005. 发展心理学：儿童与青少年. 邹泓等译. 6 版. 北京：中国轻工业出版社.

Shaffer，D. R. 2005. 发展心理学：儿童与青少年. 邹泓等，译. 北京：中国轻工业出版社.

Archer J. 1994. Achievement goals as a measure of motivation in university students. Contemporary Educational Psychology，19（4）：430-446.

Baker L，Brown A L. 1984. Metacognitive skills and reading. In：Pearson P D（Eds.）. Handbook of Reading Research. New York：Longman.

Battista J R. 1996. Abraham Maslow and Roberto Assagioli：Pioneers of Transpersonal Psychology. In：Scotton，B. W. et al（Eds.）. Textbook of Transpersonal Psychiatry and Psychology. BasicBooks：A Subsidiary of Perseus Books，L. L. C.

Brown A L. 1982. Metacognition，executive control，self-regulation and even more mysterious mechanisms. In: Spiro R J, Bruce B C, Brewer W F eds. Theoretical Issues in Reading Comprehension: Perspectives From Cognitive Psychology, Artificial Intelligence, Linguistics and Education. Hillsdale, NJ: Erlbaum.

Flavell J H. 1976. Metacognitive aspects of problem solving. In: Resnick L B ed. The Nature of Intelligence. Hillsdale, NJ: Erlbaum.

Flavell J H. 1979. Metacognition and cognitive monitoring: A new area of psychology inquiry. In: Nelson T O ed. Metacognition: Core Readings. Boston: Allyn and Bacon.

Flavell J H. 1981. Cognitive monitoring. In: Dickson W P ed. Children's Oral Communication Skill. New York: Academic Press.

Gonzalez M A. 1997. Mental imagery and creative thinking, The Journal of Psychology, 131（4）: 357-364.

Gruber H . 1982. Piaget's mission. Social Research, 49（1）: 247.

Kosslyn S M, Alpert N M. 1993. Visual mental imagery activates topographicallyorganized visual cortex: PET investigations. Journal of Cognitive Neuroscience, （5）: 263-287.

Marks D F. 1999. Consciousness, mental imagery and action. British Journal of Psychology, （90）: 567-585.

Nelson T O. 1996. Consciousness and metacognition. American Psychologist, 51（2）: 102-116.

Pavio A. 1992a. Dual coding theory: Retrospect and current status . Canadian Journal of psychology, （45）: 255-287.

Piaget J . 1932. Preface to the Russian edition. In: Piaget J. Rietch I michlenie rebienka. Moscow and Leningrad: Itchliedgiz: 55.

Piaget J . 1996. Some impressions of a visit to Soviet psychologist. In: Tryphon A, Vonèche J（Eds.）, Piaget–Vygotsky: The Social Genesis of Thought. Hove, UK: Psychology Press.

Piaget J. 1962. Comments. In: Vygotsky L.Thought and Language. Cambridge, MA: MIT Press.

Pressley M. 1994. Embracing the complexity of individual differences in cognition: Studying good information processing and how it might develop. Learning and Individual Difference, 6（3）: 259-284.

Slife B D, Weiss J, Bell T. 1985. Separability of metacognition and cognition: Problem solving in learning disabled and regular students. Journal of Educational Psychology, 77（4）: 437-445.

Sterberg R J. Beyond IQ. 1985. Cambridge：Cambridgde University Press.

Swanson H L. 1990. Influence of metacognitive knowledge and aptitude on problem solving. Journal of Educational Psychology，82（2）：306-314.

Tryphon A，Vonèche J. 1996. Piaget–Vygotsky：The Social Genesis of Thought. Hove，UK：Psychology Press.

Vonèche J. 1999. The origin of Piaget's ideas about genesis and development. In：Scholnick E K et al.（Eds.），Conceptual Development：Piaget's Legacy. New Jersey：Lawrence Erlbaum Associates.

附　录

附录1　心智能力训练课程设计框架

一、课程缘起

在日常教学活动中，我们时常发现一些学生的思维总是游离于课堂之外，对个人感兴趣的事物十分投入，但对一般性的课堂教学却缺乏参与的动力。近些年来，国内外的学校都在努力研究教师该如何改变教学方法，尽力诱发学生的学习兴趣。这样做的确收到与传统教育方法不同的效果，但依然有许多学生没能改变原有的认知与思维状态及学习态度（如：听讲不够用心，或者不愿意听讲，学习起来不开心，或不愿服从课堂管理等），或原有状态变化不大，甚至原有的状态越发严重，使得教师和家长为此感到痛苦与焦虑，学生本身也因此会产生压力。

其实出现上述现象也是正常的。当我们没有把握学生现状的根本问题，只是单纯将其现象归因为孩子不用心、不听讲、不刻苦、没规矩等是不合理的；甚至有的老师不惜花费更多的时间与精力，坚持不懈地为学生进行知识的补漏，殊不知这一切的付出实际上是在帮助学生不断重复、强化他原有的认知行为与思维方式，即便是在某些知识点的学习上，经过反复订正后一些死板的或操作步骤简单的知识能够使学生牢记，但认识与思维能力却没有得到进一步的发展，真正解决问题的方法并没有被学生发现与掌握。

在实际教学过程中，我们发现学生是否具有或者很好地发挥了自身的潜在能力，对树立学生的自信心尤为重要。因为在实际生活中，学生通常以自身在同学中的突出表现作为自我能力体现的方式来确立自己的自信程度。因此，帮助学生认识、发掘其自身的潜能，并提供机会使其能力得以充分释放与发展是学生成长过程中的重要需求。

如何从根本上解决实际教育中教师、家长和学生都十分关注的问题，就是本课程的出发点，也是最终要实现的目标。

二、课程意义

每一个学生天生就具有不同的潜在能力。就像埋藏在土里的金子，一旦被发掘，便会放射出自身的光芒。教师应该是一名掘金者，既能够准确判断学生的潜在能力，又能以恰当的方式帮助学生有效地将其能量开发并能得到进一步的提升。

本课程的开发和研究人员，在多年静心观察学生行为，并与参与的教师和学生深入交流的基础上，我们发现造成学生的心智游离于课业和课堂之外的根本原因是因为学生的内心藏有"自己的秘密"，这些秘密恰恰是引起他们在课堂中和学习过程中各种"问题行为"表现的真正原因。只有解开学生心中的谜团，帮助学生了解并能有效调整自身的思维方式，实现他们心中的需求才能令他们对所做事情、所学内容产生兴趣，获得发展的原动力，真正将他们吸引到课堂教学中来。

在课堂教学中，我们开设的课程是发掘与培养人的认知与思维的基础能力，是帮助学生学会自我认识，适应未来生活与进行更深入的学科学习的基础能力，最终需要与不同的学科知识和学科能力相结合，帮助学生体验学科的特色，发现并掌握学科技能，从而感受不同学科知识所赋予学习者的魅力。

开发和激发学生心智与潜能，使之能够自发地、自主地、愉悦地学习，形成快乐健康的学习心态，体验健康快乐的学习过程，就是本课程开发的意义所在。

三、课程开发策略

如何探究学生的认知与思维能力，以及他们真实的内心世界，激发学生的学习内驱力，培养良好的学习能力，从而使孩子们全神贯注地在课堂上自由地进行有效的思想交流？这一过程，就是本课程开发策略的首要指向，即教师除了传道授业解惑，还应帮助学生充分地认识自我，有效地调节自我，培养有效性的个性化思维能力，使学生的快乐充实在学与做的过程中。

正所谓，一切德行，非静不深；一切觉智，非静不发。中国早已有"定能生慧"一词。定就是静心。"知止而后有定，定而后能静，静而后能安，安而后能虑，虑而后能得。"

依据美国波士顿大学的实验结果：静心前耗氧量为每分钟 251 毫升，静心时为 211 毫升；呼吸次数每分钟减少 2 次，呼吸量每分钟减少 1 升；经由静心，人体机能的工作效率将会提高；同时监测还表明，静心时血液中的疲劳素降低，心脏向大脑提供的血液优于其他状态，可使大脑更好地进行思维活动。

因此，从课程具体开发过程来讲，我们将静心这一环节主要设置在每堂课的前 5 分钟，培养学生做事前做到心平气和，身心放松，在完全心静的情况下进入学习状态，保证学生的专注程度。同时，在课程的课堂训练过程中，对学生认知、思维活动，以及心态的把握、观察和调节，贯穿于课堂教学及课后评价的始终；课堂其他各个训练内容和环节设计也以开发和培养学生良好的思维能力，愉悦学生身心，从而启迪心智为基本课程开发导向。本课程就是要力图在训练过程中培养学生从小具有积极向上的良性心态及培养学生认识问题、解决问题的多元智能，真正使其发自内心快乐地成长。

当我们真正帮助学生乐学乐做时，我们还会发现，不同的学生由于能力发展过程中缺乏某些能力训练的环节，即便他们很上进，但由于能力的不足，不能满足发展要求时，也会给学生带来苦恼。因此，除了培养学生保持心情愉悦的做事心态，更为重要的是帮助学生找到适宜自我能力发展的方法，这就是能力的训练与形成。

本课程的开发基于 6～12 岁儿童的认知与思维能力和心理特点，以及经过多种方法比对和尝试，我们确定了一套训练方法：

首先，确定学生认知与思维能力状态，而后有针对性地做出训练计划，然后进行认知与思维能力开发训练。例如，一些学生虽然很努力地参与课堂活动，教师也会给予肯定和鼓励，但是由于学生本身不知如何听讲，如何集中注意力，所以依旧收不到良好的学习效果，自信心也不能很好地建立。因此，我们将根据此种情况对学生进行注意力、观察力等认知能力训练。

其次，在学校教育工作中，教学通常以学科形式呈现。本课程的开发也是依据不同学习者的需求，有效地与学科教学内容相结合，按照学生个人认知与思维能力发展需要和社会对人才的发展需要来设计，从而保证学生有效参与多学科的学习，激发学生对不同学科的兴趣。

真正的兴趣产生来源于学生自身对学科的认识程度与自身的领悟能力。本课程的任务就是与学科特点相结合，帮助学生理解并形成学科技能。在前期的研究中，我们尝试着将训练与体育、数学、语文识字、阅读和习作教学内容相结合，均取得了良好的效果。

例如：在教一年级学生加减法计算训练时，依据学生最初只能按实物计算不能作口头计算或心算的特点，教师先让学生借实物计算，然后把实物隐藏起来，要求学生在心中想着实物再计算，也就是利用头脑中的形象进行计算，经过这个过渡环节，学生会较快地进行口头计算或心算。

再如，在体育教学中我们利用表象训练技术指导学生进行篮球曲线运球。开始时，学生控制不好倒手变向的时机，于是教师请班里篮球队的学生先以中等速度完整地做一遍示范动作，然后再进行分部讲解，在重点的地方停下来让学生看清楚慢动作演示。这样做的目的是丰富学生对篮球曲线运球的形象记忆，然后并不急于让学生操作，而是让他们静静地坐下，闭上眼睛去回忆刚才的两次示范动作。像看电影一样在脑中出现图像。在这个过程中有的学生说可以感受到运球的节奏，有的说眼前出现了运球的图像。在此基础上，再要求学生慢速运球，按照脑内的记忆去做动作。经过对比，利用表象学习的学生倒手变向这一个重点环节用1～1.5节课时间就基本掌握，而没有采用表象训练的学生则需要2～3节课，而且在整个运球的技术上也是如此。

本课程的开发历史已经长达近14年，在跟踪中国受训学生的调查中，我们惊喜地发现：这些孩子大多数进入了国内乃至世界著名学府，服务于社会，他们通常比同伴表现得更加乐观、自信，更加现实、富有创造能力。

四、课程目标

1. 心态和情感调节目标

通过该课程训练使学生学会做事前自我调整心态，使内心平和后再进入学习、做事的方法，能够真实体验多种内心情感的变化过程，正确对待个人与他人的情绪发展；并能将自我心态和情感调整的能力逐步运用和融合到日常学习生活中，实现快乐学习的目标，从而能够帮助学生提高学习生活的品质，体会健康心态，形成积极向上的人生观。

2. 思维能力提高目标

通过该课程训练，帮助教师比较准确地发现并明确学生当前状态下认知与思维能力的优长与不足，有针对性地设计训练计划，使得学生有效提升认知与思维能力，为学生的发展奠定能力基础。

特别说明的是：

这里的认知能力包括注意力、观察力、联想力、想象力，以及创造力。

这里的思维能力是指人们在工作、学习、生活中每逢遇到问题，总要"想一想"，这种"想"，就是思维。它是通过分析、综合、概括、抽象、比较、具体化和系统化等一系列过程，对感性材料进行加工并转化为理性认识及解决问题的。我们常说的概念、判断和推理是思维的基本形式。无论是学生的学习活动，还是人类的一切发明创造活动，都离不开思维，思维能力是学习能力的核心。

思维能力的内容包括：理解力、分析力、综合力、比较力、概括力、抽象力、推理力、论证力、判断力等能力。它是整个智慧的核心，参与、支配着一切智力活动。一个人聪明不聪明，有没有智慧，主要就看他的思维能力强不强。要使自己聪明起来，智慧起来，最根本的办法就是培养思维能力。

3. 多元心智开发目标

通过该课程训练，能从学生多元心智的开发角度，引导学生自觉开发自身多种潜在能力及内心体验，调动学生的形象、逻辑、选择、判断、创造等多种思维能力的发展。从而培养和形成良好的自信心与创新精神，发展学生的创造力。

4. 学科课业学习能力提高目标

通过该课程训练与学生学科学习内容的结合与融合，有效促使教师学科教学质量和学生学习质量的提高，使得学生在各学科课程学习过程中学有所获，学有所长，学有所乐，激发对课业学习以及学习生活积极的参与意识及参与兴趣。

五、课程设置策略

1. 课程学程设置：总共设置两个学程训练阶段

总课程在每节课的前 5 分钟始终保持心态训练环节，即：

首先，指导学生放松至心静：将身体坐直，头放正，肩要平，双腿与肩同宽自然摆放，舌尖顶住上齿，建议轻轻闭上双眼舒舒服服坐一会儿。

接着，让学生听音乐使学生逐步达到心情平稳状态，给予学生一些语言提示，时间控制在 3 分钟左右。

（1）第一学程训练阶段设置 16～18 课时，分每周 1 课时，每次课 40 分钟

该阶段主要以认知能力训练为主，包括注意力、观察力、联想力训练，以及情感体验训练为主。

（2）第二学程训练阶段设置 16～18 课时，每周 1 课时，每次课 40 分钟

该阶段以培养学生想象力和创造性思维能力训练内容为主。

备注：两个训练阶段都将适时与学科教学相结合，将思维能力训练迁移到学科学习过程中，协助提高学科学业成绩。

2. 课程学制设置

（1）以年级为单位，针对年级整体状态进行专项训练。

（2）以班级为单位，以班级形式把握状态，有目标地进行集中训练。

（3）以个体为单位，根据学生的特殊情况进行个别的、有针对性的训练。

3. 课程内容设置

（1）认知与思维能力训练：注意力训练，观察力训练，联想力训练，想象力和创造力训练。

（2）情感体验训练：静心训练，成功与失败、人际交往等的心态转变训练。

（3）多元智能开发训练（包括形象思维、逻辑思维等）：引导学生自我发现能力所长，有意识保护与培养，并有计划地、有梯度地弥补能力差异。

（4）学科认知与思维能力训练：与学科知识结合的多角度思维训练，包括阅读与写作、数学判断、体育科目等。

六、课程评价策略

1. 课程评价目的

（1）依据评价结果检查课程目标达成情况。

（2）依据评价结果发现新的问题，制定新的课程训练计划。

2. 课程评价内容

（1）行为结果及认知结构方面

学生能够较全面提升多种心智能力，使学生形成良好的思维能力与认知行为习惯。与学科教学紧密结合，激发学科教学的兴趣，提升学科教学的质量。

（2）心理素质方面

学生能够根据需要随时自主进行个人心态调节，掌握自我心态调节的方法，面对不同环境和影响能保持良好的情绪，体现优质的心理素质。

（3）思想情感方面

学生能够体验责任感、自信心和自我创造能力，体验自我和社会与自然的关系，形成有责任心、服务精神、独立精神的社会公民意识，成为具有解决问题的能力、领导能力的社会公民。

（4）行为和心理矫正方面

针对学生已经形成的一些不良行为和心理的习惯，能够使之得到纠正和改进，提高心智发展的水平，从而能够健康快乐地成长。

3. 课程评价方式

主要采用真实性评价，即档案袋记录的评价方式：

（1）观察日志（教师与学生以及家长）；

（2）学生问题解决记录；

（3）自传（教师与学生以及家长）；

（4）访谈记录（教师与学生以及家长）；

（5）照片和录像；

（6）能揭示学生训练成果的比照性等各种电子档案与纸质记录；

（7）课程教师以及学生本人对档案中的各项内容所作的解释与说明；

（8）定期分析、整理、总结的材料。

附录 2　心智能力训练课程实践
——开创潜能开发班

一、潜能开发班课程实施内容概况

（一）开设本课程的宗旨

根据学校中学生、教师，以及家长的特别需求，和学生在自我成长过程中表现出来的特点，创设与之相符合的课程内容与课型，帮助学生认识、发掘自身的潜在能力，使之能够自发地、自主地、愉悦地学习，体验健康快乐的学习过程，形成快乐健康的学习心态，并提供机会使其能力得以充分发挥，实现学生的一长、多能、零缺陷，达到全人发展的教育总目标，是本课程开设的主要宗旨。

本课程的开发以心智能力训练为根本，依据学生自身的心智特点及发展规律制定个性化学习计划（表现在个性化课表设置以及学习内容中），依据学生的个体心智发展规律，将不同学科内容进行穿插式组合学习，充分发现与学生调动的个体能动性进行适合学生个体发展规律的自主学习，在辅以适时而恰当的指导情况下完成学业任务，并开发潜在多元智能。

（二）本课程的主要课型

1. 心智能力训练

开发并发展基本的认知与元认知以及思维能力，即培养学生的心智能力。

心智能力训练是本课程的核心内容，将贯穿于课程始终。

2. 自学时间

结合学科知识内容进行方法渗透，设计相应的知识网、资料、题库等。

（1）自学时间的内容包括数学逻辑与阅读，采用实践体验的方式，最终形成自主学习的习惯，提高自主学习的能力。

① 数学逻辑

结合游戏操作环节进行，由形象向抽象过渡式的发现学习历程。

② 阅读时间

a. 诊断学生的阅读问题

b. 选择适合个体需要的书目

c. 引导发现与掌握个性化的阅读方法

③ 游戏时间

结合思维训练与学科知识学习内容的需要，引导学生进行大量的动手操作与体验式活动，以理解知识内容与恰当运用为本源。

（2）过程采用跟踪式地学习记录（学生或教师填写的自学记录表），并进行相应测查的方式进行质量监控。

（3）自学后的集中专项辅导

邀请学科教师进行专项内容辅导，提升自学的效果与质量。

3. 视听时间

以英语学习为主要内容，在视听环境中自然学习。

4. 兴趣培养

与科任学科相结合进行符合个体发展需要的学科内容学习。

5. 主题实践活动

第一阶段以博物馆与自然环境学习等活动为主。

6. 体育锻炼

依据国家的课程标准，在培养体育素质与增强体能的基础上，重点突出体验感与有效参与体育活动过程，培养意志力、团队合作、抗挫等多种能力。

（三）实施过程说明

（1）本课程实施过程中，有集中上课时间（如心智训练、视听等）；有个体自主学习、活动时间（独立学习、兴趣培养等）；甚至有时集中学习，有时个性辅导（如心智训练、主题实践活动）。所有课型依据学生的发展状况穿插进行，并依据生成状态随时进行调整。

（2）每周在分析学生状态后制定新一周的课程内容。

（3）为每个参加课程学习的学生准备个人档案盒，从前期资料到变化资料进行跟踪式记录与整理。

① 家长、教师前期提供的各种信息。

② 学生以往的学习记录，如试卷、作业等物化信息资料。

③ 每种课程的具体操作方式及课程实施实践过程的留痕记录。

（4）评估方式。学期末回到原班级中参与期末测试，途中依据学生自身的发展状况进行阶段性测查，测查内容与原班级学生一致。

（5）定期邀请专科教师（如语文、数学、英语等）进行集中知识导学。

（6）基础设施支持。

① 专用教室。

② 硬件设施（电脑、专用教具、自选教材、读物、专用器材）。

③ 需要一至两名教师配合进行。其中一名教师作为班级管理教师（班主任）及课程实施者；另一名教师主要进行档案跟踪等相关资料记录与整理工作。

（四）生源确定流程

以 12～15 人为限组成一个班，以一个学期为一个课程时间长度。

（1）取得家长与教师的同意；

（2）与家长协议开展课程学习，课程期间定期与家长沟通协调，进行家校同步训练；

（3）定期组织开放课，使家长更好地、相对全面地了解学生情况。

二、潜能开发班课程实施过程

从潜能开发班成立之日起，我们就对每个学生进行了心智能力的前期了解，并依据了解的情况进行了课程方案设计。为了保证学生的全方位发展及顺利完成国家课程标准要求，制订了潜能开发班独有的课程方案。

整体课程设计围绕心智能力训练进行，也就是说，心智能力训练是潜能开发班课程的核心内容，贯穿于课程始终。每天都会依据学生的情况进行心智状态跟踪与调节，并分别进行全体或者个体的适当训练，在此基础上完成相关学习内容。

整体课程主要分为两部分：一是自主开发课程，二是学科常规课程。下表是潜能开发班一学年课程具体内容的设置：

自主开发课程	学科常规课程（英语、数学、语文）
1. 心智能力训练 2. 艺术与心智开发 3. 国学探究（包括古诗欣赏与创作、校园连廊故事、百个成语故事） 4. 英语趣配音 5. 绘本阅读 6. 主题实验研究 7. 社会实践活动 8. 哲学思辨 9. 团队活动 10. 游戏与体能训练	英语常规自学任务 1. 视听（儿童歌曲、视频、教材同步） 2. 单词记默 3. 熟读课文 4. 模块检测练习 数学常规自学任务 1. 数学基础指导 2. 自学数学教材 3. 单元检测 语文常规自学任务 1. 自主学习课文内容，完成识字及要求背记相应诗文和段落 2. 理解文章内容并进行拓展练习 3. 单元检测

（一）课程内容实施时间安排

每天上午基本上安排学科常规的自学任务，下午是自主开发课程。根据学生状况及发展需要，每天教学内容都会进行一些相应微调。

（二）学科常规课程分述

1. 英语学习

主要以视、听、读、唱为主。依据学生教材配套的 MP4 辅助动画软件和网络英语课程资源（如聪明宝宝学英语、英文儿歌、清华幼儿英语等），在每天的晨读时间进行练习。课文朗读和单词的背记采用学生听录音自学后由教师检查或学生互查的方式进行学习效果检测。教师还制作了 1~6 年级的单词闪卡，增强了单词背记的游艺性。

在第二个学期时，我们又开设了英语趣配音活动，以此向学生提供了更强劲的语感与运用语言的机会，强化了学生听、读和提升语音和语速等多种能力的发展。

2. 数学学习

在数学方面，我们突出了数学思想基础建设和自学指导。

数学思想基础建设的训练重点放在通过动手实践与游戏的方式帮助学生认识并理解数学概念，培养数学思想。内容以数学课程标准为纲领，以数学教材内知识为本，多数内容的基础课都依赖于如图形、小棒或相关实物进行实际认识，在指导学生通过摆、画、制作等动手方式，在头脑中建立表象，之后逐渐抽象出来进行数与数之间关系的研究，在不断地研究过程中建立数学思想体系。

学生在进行数学学科内容自学时，主要以数学书为主，教师的作用从教授知识转变为服务，以向学生提供必要的学具和点拨引导为主。学生在自学后，尝试做书后练习。教师针对学生出现的问题，发现并分析学生在自学过程中的思维情况，之后进行有针对性的个别指导。

3. 语文学习

以语文书的学习为主。学生自主读书、习字解词学词，感悟课文内容。之后进行组内的交流活动，重点培养思辨精神与个性化理解的深度。

语文的学习不局限在课本之内，更重要的是鼓励学生结合学习内容，或者个人爱好广泛阅读书籍，通过阅读介绍与交流引发对阅读的兴趣及阅读后的思考，以此拓展与提升阅读质量。

我们在潜能开发班开设的自主开发课程与学科常规课程相辅相成，既促进了学科课程学习，又补充了学生在学习进程中必备的能力需求，同时进行了全脑与全人素养的开发。

比如：在自主开发课程中，国学课程、绘本欣赏和哲学思辨对语文学习就是极好的补充。而在综合体验课程中学生获得的认知能力、思维能力、心理状态调节更能够激发学生内在的潜能，提升学生在学科学习中无法实现的飞跃。

（三）自主开发课程分述

课程 1：心智开发与情绪调节

心智开发与情绪调节课程是潜能开发班开设的特色课程，包含静心与认知能力发展和心态调节等多元能力培养。这在本书的前面有内容的详细解读。

本课程还承担现实事件中的问题解决功能：根据现实中学生的状态，对个别或全体学生进行指导。

教师在对学生问题处理的方式方法，对学生心智开发和情绪调节同样起到非常重要的作用。教师对问题的理解深度，对学生在问题中的心理状态把握，决定了处理的效果和对学生产生的影响。在学年家长会上，一位三年级的家长告诉我们，孩子对原来班的老师处理问题的方式是：口服心不服。在潜能班是：心服口服。

孩子们在一年中逐渐懂得了好与坏，是与非。他们逐渐认识自己，认识他人。他们逐渐学会了如何去和同学相处。

在课程的实施过程中，我们随时将收集的信息与资料进行分析：将互联网中的一些相关信息，和学生进行分享与交流，从而培养学生的哲学思辨能力。

例如，我们常常把漫画中的故事、网络中的信息像小故事一样，和学生一起分享、交流。

例如，"十字架的故事"讲述了自以为聪明的人将扛在肩上的十字架一次次锯短，以使走起路来更轻便。及至到了鸿沟，别人用十字架搭成了独木桥，顺利通过。可是耍小聪明的人手里的十字架已经短到搭不成独木桥，他的人生之路不得不停留在鸿沟的这一边。针对班里一些耍小聪明的孩子，他们懂得了不要指望耍小聪明取得成就，努力去做就对了。

再如，每当聊到环境问题，人们总是说，太遥远了，就让我们的孩子去担心吧。21 岁的荷兰少年 Boyan Slat 说："喂，我就在这里。"一个要拯救海洋的少年让我们意识到我们每一个人都是世界人，地球环境与每个人都有关系。"你借我的手，我借你的眼。"两位残疾老人荒滩植树 15 年不仅让我们懂得什么叫坚韧，也让我们懂得了什么叫平凡中的伟大。大多时候，许老师会根据孩子在学习生活中的状况选取故事内容，以使学生产生共鸣。一个个小故事就是这样扣人心弦，入情入心。

课堂内容自由，但又紧扣"人性"的主题。在不同的内容、不同的视角中，认识作为"人"的自己和由"人"组成的社会。有时，它传递出道德尺度，有时它帮助孩子个性养成，更多时候，它像一种"哲学课程"，教会人思考。

课程 2：艺术与心智开发

艺术与心智开发课每周上课一次，大多用时 3 节课。内容包括绘画作品欣赏、创意绘画、写生及戏剧创作与表演和音乐欣赏与学习等。

这个课程不在于教学生如何提高绘画技巧，而是让学生用基本的画技法画内心的形象和状态。总结起来，这个课程达到了以下几个作用：

（1）学生通过绘画的艺术形式，释放了内心情感；教师通过绘画的艺术形式，透视学生的思维过程和心理状态。看下面几幅画。

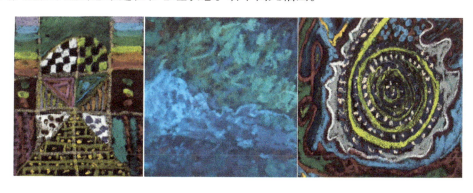

每一幅画都是孩子们在课堂上依据个体的内心状况，结合教师教授的艺术技艺以艺术形式表现出来的心像。

我们在第一学期主要进行的就是自由平面创作。这学期的作品，更多地反映了学生进潜能开发班之初的心理状态。第二学期主要进行了立体创作。通过石膏体的写生、自然环境写生，进行联想组合的创作方式。特别突出在赏评绘画背后折射出的思维。

（2）帮助学生调整思维方式。

石枫老师带领学生评画　　　　　　　　　　许颜老师带领学生评画

品评中，老师带领学生发现：哪些画思维流畅完整，哪些画创意空间无限，哪些画只是物品的拼凑，缺少内在的联系……通过对绘画作品的品评，孩子们看到了自己的思维过程，也对比了其他同学的思维过程。我们也惊喜地发现，有几个头脑缺少立体感的学生，在绘画分析后，数学理解能力也相应地增强了。

课程3：国学探究

国学探究包括三个系列课（校园连廊故事、百个成语故事、古诗欣赏与创作）。第一个学期学生已完成了百个成语故事的学习。第二个学期完成了校园连廊故事和古诗欣赏与创作。

国学探究课程之一——百个成语故事

我们的校园中遍布着百个成语故事，有的镌刻在石头上，有的附着在大理石地砖上。如果单纯地把这些故事印成册，发到学生手中阅读，一点儿都激不起学生的阅读兴趣。考虑到这一点，我们在实施此课程时，突出了课程的趣味性。具体实施如下：

（1）首先我们将这百个成语故事制成卡片。

（2）学生结成合作小组，每组抽取其中的一张卡片，进行阅读。

（3）到校园中寻找卡片上的成语故事。

（4）小组分角色将故事表演出来。

（5）动画呈现成语故事。

（6）成语填空检测。

表演"玩物丧志"

成语卡片

　　课程的实施过程极大地调动了学生的学习兴趣。在寻找的过程中，他们每天在运用观察、辨析；在编排表演的过程中，他们在进行创造性的艺术加工。在欣赏动画的时候，获得了大量的形象体验。就是这样，一天一天地，他们对表演越来越有经验。及至学期末，一部戏剧《丑小鸭》震惊了全校的师生。

钻研《丑小鸭》剧本

准备道具

排练现场　　　　　　　　　　　　　　　　　　　说戏

国学探究课程之二——校园连廊故事

北京第二实验小学本部坐落着一座漂亮的三进四合院，曲曲折折的连廊中，绘制着上百幅绘画。这些绘画中的故事远到盘古开天辟地，近到清代扬州八怪。且内容丰富，极富趣味：有神话传说，有文韬武略；有爱国情怀，还有孝感动天的故事；四大发明展示了中国古代科学的发展、诗词歌赋和诗画相容传递了中国特有的意境文学形式。这些宝贵的文化财富静静地在四合院里陈列着，如果这部校本教材得不到开发，它们永远是"画"而已，我们更希望它们变为引领学生进入知识和精神殿堂的财富，甚至可以成为学生拓展思维、发挥想象以及创造力的素材。因此，以石海平老师为主开发了一部校本教材《四合院连廊绘画故事集》。

根据这本《四合院连廊绘画故事集》，我们设计了一份课程实施样例。如下：

课程设计样例：穿越历史长河

一、样例内容：

1. 阅读连廊故事、古诗、四大发明的故事；

2. 根据故事所提供的位置信息，寻找匹配的连廊图画，凭借记忆的图像进行图卡与文卡的匹配；

3. 根据故事的年代顺序进行时间排序，构建历史长河图；

4. 通过历史长河图发散联想，拓展思维的触角，拓展到更广阔的外部空间。

二、样例的实施方式

1. 学生首先随机抽取一张故事卡进行阅读；

2. 学生根据故事卡中指示的方向与位置提示，到四合院寻找图画；

3. 连廊故事表演；

4. 表演评析；

5. 将写有故事名称的小船贴到墙面的历史长河图中。

学生要依据朝代歌逐渐调整他们的题卡位置，最终建立起历史阶段图。

下图是在实施过程中，用小船承载历史故事，布置出的历史长河立体图：

在实施本课程内容的过程中，第一学期和第二学期完成内容的不同在于：在学生进行连廊故事表演后，增加了学生间的互动评价环节。这个过程带给我们很多惊喜。比如：在演完钻木取火后，嘉宁就补充了燃烧的三大要素。借此，我们马上搜集了《荒野求生》中的一个视频场景，如何运用钻木的方式获取火。在表演完"文姬听琴"后，我们了解了蔡文姬其人，聆听了著名的《胡笳十八拍》，体验了主人公在音乐中表现的跌宕起伏的心理变化。还有的时候，大家会借由一个故事，拓展开讨论。像讨论唐玄宗的功过得失，甚至还用其他的几位皇帝进行对比分析。我们突然发现孩子们平日看的书在这里发挥了作用。这就激发了几个低年级的孩子也开始读起历史类的书籍了。

这种从中国传统文化的故事精粹出发，自由扩散，能够引发各学科的渗入：音乐、美术、历史、地理、化学、物理等。这时的学科渗透式地进入了孩子们心中，由此启发的是他们对学科知识的兴趣和热爱。我们觉得，在小学阶段能够达到这个目的，就是为他们今后的学习奠定的最扎实的根基。

国学课程探究之三——古诗欣赏与创作

古诗语言凝练，朗朗上口。或富于意境、或富于哲理。我们在进行古诗教学中采用了如下方式：

（1）学古诗前，看图作诗或写话；

（2）读诗，交流对古诗字词句的理解；

（3）了解作者及写作背景；

（4）对照标准字词句的理解，明确哪些理解是正确的，哪些有偏差。

拓展：有时学生将原诗与自己做的诗进行对照，大家交流后修改。还有时根据诗中的形象与意境进行即兴作画。比如在学《望天门山》时，在石枫老师的指导下，学生根据诗的内容，即兴作画。画的过程中，也就把古诗记住了。根据故事的内容，老师也会做一些预设性的拓展。比如，我们在学叶绍翁的《游园不值》后，又拿来陆游的《马上作》一诗进行对比。陆游的"杨柳不遮春色断，一枝红杏出墙头"不及叶绍翁之作"春色满园关不住，一枝红杏出墙来"迸发出春光难锁、喜从天降的生命力度。由此可见名家之诗不一定都能成为名作，非名家一旦对生命与诗进行精诚开发，也可能出现奇迹。进而对学生作诗也是一种大大的鼓励。还有的古诗，我们会采用唱的方式以唱带学，比如《悯农》《池上》《草》等诗的谱曲特别动听。

游戏检测：一种游戏方式是进行古诗句接龙。大家围成一圈，按一定顺序，一句一句往下接。这种游戏方式适用于十个孩子左右，操作起来简单。学生注意力集中程度高。另一种游戏方式，我们先将古诗句制成小卡片，学生结成小组将古诗碎片进行拼接，形成一首首完整的古诗。这种游戏方式特别能考察出学生的团队协作能力。

在学习古诗过程中，教师的恰当辅导尤为重要，因为这个过程不仅仅是在进行古诗的学习，借由这个内容，实际上也是在进行学生心智的能力开发和情绪调节过程。

比如：小周同学在读书写字上有心理障碍，借助每天早上的"读"，他渐渐在心理上摆脱了对读的惧怕。其他学生在倾听过程中，懂得给予他时间去调整。在这个课程中，小张同学对作诗一直保有热情，及至学期末已创作了二三十首诗。我们也相信：好的课程就在于激发学生的热情，不同的课程内容、课程方式激发出不同孩子对不同内容的兴趣，就是成功。

古诗碎片游戏小组 PK 赛

古诗接龙游戏

下面节选几首潜能开发班孩子们自创的小诗：

四 合 院

周宸北

2016 年 4 月 11 日

古香古色草木荣，

欢声笑语三尺童。

劝君勿入四合院，

庭院连廊似迷宫。

村 居

周佳妮

2016 年 4 月 19 日

翠柳拂面满山间，

春暖花开飞来燕。

满坡欢声伴笑语，

原是儿童放纸鸢。

风

张嘉宁

2016 年 5 月 9 日

白浪滔天竹木斜，

飞沙走石自天涯。

蚀洞雕石天神手，

亦能催开二月花。

夏 日

杨尚宽

2016 年 4 月 25 日

杨柳随风荡，

桃花粉透红。

青鸟树上立，

蝴蝶满苍穹。

课程 4：英语趣配音

英语趣配音是目前网络上比较流行的英语配音软件。对提高学生听、说的能力帮助很大。最初，我们在学校指导学生完成一两次配音活动，然后将配音任务放到家庭中，家长可以跟孩子一起参与配音。再将配好的音发到我们的班级微信群，教师和英语好的家长会在微信群中进行点评。一个学期来，学生的英语语感和角色感增强了。三年级的小同学从连单词都不会读，逐渐会读句子，读段落了。高年级的同学配音越来越有"范儿"了。

期末放假了，有的孩子仍然坚持往微信群发配音作品。我们也期待未来有一位配音大师在他们之中诞生。

刘阳老师在趣配音前的指导

寻找自己喜欢的配音作品

课程5：绘本阅读

"绘本是用图画与文字，共同叙述一个故事，表达特定情感，主题的读本，通过绘画和文字两种媒介，互动来说故事的一门艺术。""绘本不仅是讲一个故事，而且可以全面帮助孩子建构精神，培养多元智能。"

第二学期开始，姚萱老师便开始带领孩子们品读绘本，比如：《我爸爸》《我妈妈》《是谁嗯嗯在我头上》《奥巴马给女儿的信》等。绘本中的图画创造了丰富的、美妙的想象空间，不仅有知识性的，更突出情感性的：亲情、友情、生命尊严……在孩子们的心底晕染。读完了《是谁嗯嗯在我头上》，孩子们提出一些问题：蚂蚁的嗯嗯是什么样？小鼹鼠的嗯嗯是什么样？带着这些问题，孩子开始去观察、寻找、查阅资料，之后续写了《是谁嗯嗯在我头上》。

对于潜能开发班的学生们而言，学习绘本课程只是起步阶段，未来绘本的品读与创作仍然是一个需要继续完善的课程。比如从引导学生观察生活和自然入手，发挥想象与创造力去创作绘本。绘本应该是语言文字、绘画、手工、自然科学知识等多学科的整合课程。在创作绘本过程中，学生需要运用观察、记忆等多种认知能力，以及运用社会实践、动手制作、信息整理等手段进行综合体验的一个过程。

绘本品读　　　　　　　　　　　　绘本阅读

课程6：主题实验研究

实验操作过程是探究问题的一种方法。动手实验也是小学生喜欢的一种学习方式。在第一个学期学生能力发展的基础上，第二个学期我们开设了若干主题实验课，包括：莫比乌斯实验、彩球实验、水的净化实验、近大远小实验、3D打印实验共5大实验课。

主题实验研究之——莫比乌斯实验

这个主题实验分为两个环节：第一，由一个演示文稿了解莫比乌斯环和莫比乌斯环在现实世界的应用，目的是吸引学生的眼球，激发他们参与实验的热情。第二，按照实验报告完成3个分项实验。实验报告单如下：

实验 人员	
实验一	如果在裁好的一张纸条正中间画一条线，粘成"莫比乌斯带"，再沿线剪开，把这个圈一分为二，剪开后竟发现（　　）！
实验二	如果在纸条上画两条线，把纸条三等分，再粘成"莫比乌斯带"，用剪刀沿画线剪开，剪刀绕两个圈竟然又回到原出发点，猜一猜，剪开后的结果是什么，是一个大圈？还是三个圈儿？都不是。它究竟是什么呢？你自己动手做这个实验就知道了。你就会惊奇地发现，纸带不是一分为二，而是（　　）！
实验三	用橡皮泥做立体的莫比乌斯圈

实验拓展：将纸条四等分、五等分、六等分……你发现什么？

学生正在制作莫比乌斯环   立体的莫比乌斯环

主题实验研究之二——彩球实验

彩球实验是学生对正多边形的一种数学实验活动。将若干个正三角形、正方形、正五边形、正六边形贴在一起，是否可以出现一个彩球。

正三角形彩球   彩球制作小组

正六边形   正五边形

通过实验，学生发现正六边形，在粘贴的过程中会无限地平展下去，并不能围成一个球。是这样吗？喜欢研究的人总是那么有心。第二天，小岳就从家带来了自己的新成果，用吸管拼插的球体。球体竟然是由正五边形和正六边形交错拼插成的。这回家得费了多少工夫呀！但我想他一定是沉醉其中。不仅如此，他还告诉我们这和金刚石的结构很像。

小岳和他的作品　　　　　　　　　　　　　作品特写

学习竟然能这样的自然生成。我从没有想过一个探究多边形的课，可以和物体的化学结构式联系在一起。但现在看来，这种探究性的实验活动赋予了学习新的意义，学习是一件多么自然又有趣的事。智慧在孩子们的头脑中诞生，对自然和未知的兴趣在心底萌生。这该是小学课程实施最有价值的目的吧！这个目的在课程实施过程中是那么的"润物无声"！

主题实验研究之三——水的净化实验

怎样把污水净化成干净的水？学生带着这个问题，首先搜集了资料。然后准备自己的实验器材，开始实验。

全班分为3个实验小组。他们基本上是按照以下流程进行实验的：①明确小组成员分工；②确定实验器材和净化材料；③污水制作；④污水的净化实验；⑤污水与实验结果的对比、组与组之间实验结果的对比；⑥提出问题、进行分析。

整个过程没有教师指导，教师作为录像师一直追踪着他们的实验。这个过程让人惊喜的是，各组在进行完实验后，他们将两个小组的实验器材进行组合再实验，发现净化的效果更好。

参与课程的刘阳老师感叹说："没想到这帮小家伙动手实践能力这么强，创造性这么大，这是在别的班上课时根本没有出现过的。"

污水慢慢变干净了

组合式过滤器的威力更大

也许，在几十人的大班里，年纪这么小的孩子大多不具有自我约束力。所以，容易造成走马观花，缺少研究味道。潜能班 13 人的小班，不仅在前期训练中提高了自我约束力，而且整个课程体系带有自主和研究的色彩。所以，学生更能投入到小组活动中，参与研究。

主题实验研究之四——近大远小实验

这是刘阳老师带领学生进行的一项物理实验。实验通过 iPad 上的拍照与距离测试软件，验证近大远小的科学道理。

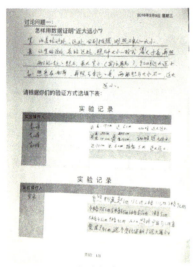

实验报告

拍照与测绘

汇报与交流

这项实践活动更让我们惊喜的是在汇报与交流阶段，原本内向的小关同学，声音响亮地向大家陈述他们小组的做法与结论。而谁能知道，这个孩子六年以来一直被作为特需学生对待。我们确信小关在亲身参与活动中有了体验，内心产生的自信让她的潜能得以一点点释放。

在之后的活动总结中，孩子们运用了多种方法实验并验证了近大远小。授课的刘阳老师对他们的智慧啧啧称叹。

主题实验研究之五——3D 打印实验

3D 打印实验分为动手的基础课和电脑软件操作的设计课。在基础课上，学生使用 3D 笔设计制作了立体作品。通过动手实践，学生从中体验到 3D 打印的原理。此课的授课方式值得在此一提：授课的老师并没有讲解什么，只是告诉大家 3D 笔的笔头温度超过 200 摄氏度，让大家千万不要碰触。然后下发了图片资料和打印材料。按照图片熟悉打印方法以后，孩子们就开始自己创意制作。这给了我们启示：有些东西是不用教的，在实践的过程中，主动发现、总结是人们与生俱来的一种学习方法。除此，学生们的创意设计不仅让我们赞叹，也让我们领悟到：给孩子什么样的土壤，就能培育出什么样的小苗。

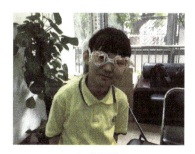

3D 笔创意制作的小吉他　　　　　　　　　　心形眼镜

上图中戴着眼镜抿着嘴笑的小姑娘，一年前还是一个在集体中不说一句话的孩子，甚至被诊断为"听觉障碍"，家长也曾怀疑孩子是不是智力有问题。在潜能班一年以来，她爱说了，爱笑了。在丰富多彩的活动中，她体会到了学习也可以这样快乐。我想：这样的课程帮助孩子认识到学习方式和学习内容的多样性，从而让孩子从对学习的恐惧中释放出来，接纳各种形式和内容的学习。

基于动手制作，刘阳老师帮我们请到清华大学的一位讲师，专门给孩子们讲利用电脑软件 3Done 设计制作。这节课中学生的学习方式仍然是动手实践。但不同于上一节课的是：突出了教师的指导作用。教师首先让学生熟悉界面中的各个元素功能，然后带领大家做了个计数器。接下来完成资料上提供的打印任务。有余力的同学完成打印任务后还可以自由创作。这种教学方式，吸引学生不断尝试、不断思考，不断激发创作的热情。我们也惊喜地看到那些在学业上存在困难的学生，也完成了作品。从下面第一幅图中那一个个探着头的小脑袋，就知道他们此时有多么专注了。第二幅图中是一个六年级的同学在指导三年级的小同学。

每个人都那么专注

大同学在教小同学

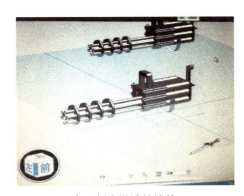

自己创意设计的枪管

观看 3D 打印的过程

课程 7：社会实践活动

带着学生走进大自然、走进博物馆，将课堂延伸到更广阔的空间中，汲取更广泛的社会教育资源，是潜能班课程开发的理想。一年来，我们的理想在一步步实现。

2015 年九三阅兵后，我们带领学生到新华社参观了九三阅兵展。

2015 年 10 月，我们第一次带领学生乘地铁去中国科技馆。第一次乘交通工具，还真有孩子不会刷卡进站。此后，我们多次的外出活动全部乘坐公共交通工具或者徒步。就是一次次的锻炼后，学生的自护、自理能力一步步提高了。

心中的敬佩油然而生　　　第一次在自动售票机上购票　　　造纸

每一次活动，既有我们提前预设的主题，又有意外的惊喜和收获。2015 年 10 月底，蟹岛之旅，潜能班小集体凝聚在一起。2015 年 11 月天坛之行，感悟敬畏。

蟹岛上快乐的驴车　　　　　　　许老师在天坛给学生讲解

2015 年的秋冬，雾霾席卷京城。所以我们的外出行动也受到干扰。2016 年开春以来，空气质量一天比一天好。我们寻找到了一次又一次外出机会，有的是自己去联系，有的是家长们提供的机会。每次活动我们都要请一些专业人士为孩子们讲解，并且安排动手实践与专家指导环节，为孩子们创造了得天独厚的学习资源与实践平台。这是学校教师自身专业局限不可能实现的，也是我们希望的发挥社会教育资源优势，共同为孩子们的教育努力，为孩子们的未来奠定坚实的社会基础。

印刷博物馆参观

印刷制作

国家动物博物馆参观

标本制作

全国科技周北京会场体验活动

急救中心体验活动

中国法院博物馆参观

模拟法庭

零碳博物馆的体验活动

圆明园参观

第一次爬坡

福海上乘游船

记得在圆明园活动时，我们发现一个奇特、不可思议的现象。面对高高的土坡儿，好几个学生爬不上去，或者下不来。甚至六年级的大男生一开始都有些惧怕。于是，我们抓住这样的时机，鼓励孩子独立爬坡。在尝试之后，孩子们终于能够独立行动，敢于爬坡了。从不敢到独立行动就是孩子们自我突破、自我成长的关键体验过程。这看似小小的环节却正是孩子成长的必要环节，也投射出现代家庭教育的缺失。想想这些城市的孩子，放了学，去上各种各样的课外班，哪有时间和小伙伴儿们到外面跑一跑、闹一闹呢。即使有时间，家长也有诸多的担心，担心社会上不安全，担心磕了、碰了。这就是教育必须从家庭开始的必要性。

在圆明园带领学生乘船的路上，我们碰上一位外地的游人。她羡慕地说："老师能带着孩子们出来活动，这些孩子真幸福。我们那儿学校怕出安全事故，根本不允许带学生外出。"这让我们意识到，学校不应该是个温室，它应该是一个有着社会味道的教育场所。课堂也不应该是封闭的，它应该是有着更广阔自然空间和社会空间的大课堂。

课程 8：综艺欣赏与评论

开发运用网络教育资源，拓展学生的视野，启迪他们的心智。

在《最强大脑》节目中，我们既看到了选手超常的智力，也从他们身上看到有人不仅智力超群，而且敢于担当。而还有的人虽然智力超常，但是人格缺失。这不能不让我们反省教育的作用；在《传承者》节目中，我们惊诧于民间的传统艺术，也聆听到了现场的青年团和专家的评论；在圆明园的外出活动前，我们观看了圆明园三集系列纪录片，既让我们感叹于举世瞩目的皇家园林之奢华、精美，也让我们认识到了一段屈辱的历史；在学习古诗陆游的《示儿》后，我们专门选取了七集系列纪录片《南宋》，南宋的富足与最终灭亡的结局，让我们深刻理解了"王师北定中原日，家祭无忘告乃翁"的期待与遗憾；在聆听 TED 演讲中，我们知道了 3D 打印在医学上的应用、细胞科学、"二战"中的新武器、跟着霍金了解宇宙……网络资源涉及方方面面。

原来在班里作为学习特需生的小关明显对历史产生了兴趣，回家以后将圆明园系列纪录片与南宋系列纪录片又看了一遍，而且还开始主动和家长讨论。这就是我们开设这个课程的目的，帮助孩子找到自己的兴趣点。我们也相信，每一个孩子都会找到他们各自感兴趣的学习内容，一定有一扇大门为他敞开。这就是"天生我材必有用"的道理吧。因此，培养并发展学生的心智能力是至关重要的！

如果孩子能从不同的地方找到自己智力发展的通道，很有可能成为某一方面的专业人才，而在这个过程中，其他方面的认知能力在放松的状态下也会自然提升。

课程9：团队项目开发

大多数项目是学生自主开发的。比如，有的孩子喜欢植物，就牵头成立了一个"食虫植物研究小组"，其他同学可以自愿报名参加。还有的同学在综艺赏析与评论课中受到启发，成立了"'二战'中的武器研究小组"。所以，会出现一个学生参与两个或两个以上的课题研究。还有的项目是因特殊情景、特殊事件等及时生成的。

比如，在感恩节那天，他们就成立了一个感恩节项目研发小团队。项目的目的是——感恩老师，为老师们动手制作礼物。

感恩节当天早晨，孩子们向老师们申请临时停课，利用上午半天时间，自主进行项目研发。

首先十几个孩子聚在一起召开了一个项目研发会议：讨论怎样分组，制作什么礼物，怎样送出等。接下来就分成了3个小组进行操作。最后将礼物送出。

项目研发会议

分小组合作

我们对这个即兴的项目非常赞赏。其一，学生能真正突破老师的安排，提出需求。潜能班自由开放的时间让孩子们意识到课堂上的时间是他们自己的。其二，合理规划项目的运作过程。从开会讨论，到分工协作。我们看到了一个自主、自治的小团队。这是潜能班提倡的自主学习理念的展现。其三，他们的感恩之心发自肺腑，不仅懂得感恩潜能班的每一位老师，对以前教过的老师仍然心存感恩。潜能班心智开发与情绪调节平和了孩子们的心态，也提升了他们"爱的意识与能力"。

课程 10：游戏与体能训练

第一学期，孩子们初进潜能班，可以说是带着不同程度的受伤的心来的。有的孩子在班里经常受欺负，有的孩子得不到认可。内心的封闭与孤独，戒备与应激是他们普遍存在的心理状态。所以，第一学期我们就提出潜能班的主题是：放松。让孩子在放松中慢慢找到集体的归属感，让孩子在放松中慢慢快乐起来。

开班的第一个月我们重点带着孩子们做了许多室内小游戏：手指游戏、反应力游戏、数珠子游戏、自控力游戏、平衡游戏等。

手指游戏　　　　　　　　　　　　反应力游戏

结合学习的内容，我们又开发了拼图游戏、纸牌游戏、商业棋盘游戏。

拼图游戏　　　　　　纸牌游戏　　　　　　商业棋盘游戏

这一学期，我们还请魏刚老师配合，做了一些体育游戏课，效果显著。

体育课团队合作游戏

第二学期，我们计划开设体能训练课。因某些原因没有实现。但这一年中，他们每天都能保证有两个小时以上的室外活动时间。打篮球、做游戏，都是自己组织、自己玩儿。从来没有出现大的意外事故。

上学期末，在班内没有广播，不能跟着学校一起做眼保健操的情况下，我们班竟然好几个孩子在检查视力时都有提高，甚至消除了假性近视。体育方面，一个男生在参加班级体育测试后，回来说原来跳绳只能跳30几个，现在竟然能跳100多个了。

学校看到我们班孩子的视力、身高、体重、体能的变化情况后（小瘦子开始长壮实了，小胖子瘦下来了），开始反思：眼保健操到底有用没用？体育课的目的是什么？到底应该怎么上？

我们要给孩子留出随意玩耍的时间。现在的孩子，时间大多数被有计划的训练和教育所占用，每天自己玩耍的平均时间大大减少。而自由玩耍有助于提高孩子的多项能力，如创造力、运动能力、增强智育、认知力和社交能力。

另一项调查也显示：东亚青壮年的近视率已经从20%上升到了超过80%，且正在向90%进发。研究认为，这个问题由多种原因共同造成，包括死板的教育和缺少户外活动光线刺激。

这两项调查很有可能就是潜能班在少有体育课，没有眼保健操的情况下，体能和视力都能提高的重要原因之一——充足的户外自由活动。

潜能班除去频繁的外出活动、每天两小时以上的自由活动时间，我们也在创造更多的校园活动课程。认识校园的植物、到校园中找成语故事，到四合院连廊看连廊绘画，校园写生，等等。

2015年冬天，虽然北京城的雾霾严重，但寒假前，一场大雪不仅驱散了久久弥漫在空中的雾霾，也为我们创造了一场"打雪仗""堆雪人"的大游戏创造了条件。

　　一张张绽开的笑脸是一幅幅最美的图画。一位家长在看到我们发送的照片后，潸然泪下：终于看到女儿原来呆滞的目光有神了，女儿又会笑了，笑得那么自然，那么可爱。

　　听到这样的话，我们都不禁眼眶湿润了。我们也要问：是什么样的教育方式把一个原本活泼可爱的小姑娘摧残到目光呆滞的？那种教育方式，也许适合其他孩子，但一定不适合她。

　　所以，我们更加坚信个性化和多样化的教育才是适合现代社会的教育！

附录3 心智能力训练部分信息反馈

一、部分参与课程训练的学生感悟

三年级时我一直参加心智能力训练班，我从一个调皮的孩子，从而变成了一个健康快乐的阳光男孩。我学会了"静心"，就是坐姿端正，闭上双眼，双腿并拢，两脚放平，舌顶上方，让心沉到谷底。如果还能听到钟表的声音，那就算静好心了。静心有许多好处：上课专心听讲、做事稳重、不马虎、心平气和地对待每一件事……

我还学会了自信、快乐、大方、感恩……在任何困难面前摔倒了，再爬起来闯过去，不屈服，这多亏了许颜老师。

（王浚阳）

我觉得心智能力课是一个可以让我的专注力和记忆力提高的课程。许颜老师的课让我好像换了一个人似的，开始勇于举手发言了！

今天我在语文课上举手发言了！我也大吃一惊：什么时候我开始积极举手了？原来，这是我上心理课的成果啊！心理课不仅能让我们开发智力，把自己的潜能都发挥出来，还可以让我们性格改变，不再那么内向。

（文依宁）

我觉得"心智能力训练课"非常好，它教会了我如何静下来。在上这种课以后，我每天回家写作业都会静心3～5分钟，等心无杂念的时候再开始写作业。同时它也训练了我的记忆能力，通过记忆数字、图片、文字来教会我们记忆方法。比如从整体到局部、找重点、分段记忆等。

（王美涵）

这课对我有很大帮助。老师告诉我记忆的窍门、如何静心、静心的好处。最主要的是要有勇气，只要敢尝试，就有成功的机会。反之，你不去尝试永远都不可能成功！只要你敞开胸怀，迎接到来的机会，再努力，再辛苦，只要坚持不懈，就会成功。你如果不抓住机会，机会就会一个又一个地跑掉。战胜自己心里的胆怯，勇敢地去面对到来的机会，大胆地去尝试，"吃一堑，长一智"。摔倒了并不可怕，可怕的是没有一颗敢于尝试的心！抓住机会，战胜自我，你才会成功。

（教师评语：这个孩子变化很大，原来没有主见，跟风跑，表达能力也比较弱，经常委屈，爱和同学发生冲突。现在，他敢于尝试，表达能力和分析问题的能力明显提高，懂得做正确的事。自己委屈及和同学冲突的现象几乎没有了。）

（曲永源）

在学习方面，尤其是思考问题方面，心智能力训练课给了我很大的帮助。上次数学考试前，我静坐了几分钟，用了老师教我的静心法，从脑中排掉与考试无关的杂念，踏踏实实地认真作答，结果考了100分，而这是心智训练课给我带来的好处之一。通过心智能力训练课，我的观察力、学习力和记忆力都得到了一定的提升，这些都是从其他地方得不到的宝贵资源。我每一节心智训练课都会尽力接收好方法，让它更好地帮助我成长！

（吴宇伦）

心智能力训练是一个对我帮助很大的课程！我的作业、考试、思维等都有了提升，作业常常得优星，开始五年级上学期期末考上了95分，许老师可以常常进入我的心境。而且许老师非常信任我们，所以我们的心就跟着她一起走。如果我们不知道或答错了，许老师会说："再试试，你一定行！"我想心智训练课最大的特点就是信任彼此。

（李凯斯）

心智开发课能让我随时静下心来去想发生的事情，反省自己，总结经验。我心态平和多了，和周围人的关系也好多了。考试时有时会突然忘了答案，我就做静心，之后答案就可以想起来了。每进行一个新项目，就会发现一种新的道路去走，能发现新的东西和乐趣。

（李兆莹）

上了心智能力训练班以后，我觉得我上课听讲认真了，学习成绩有很大提高。以前，在班里我考试倒数第二、第三，现在我英语可以考第一，语文考第三。我还学会了静心，静心使我做事做得更好。下学期，我还要坚持上课，把学来的教给同学们。

（陈睿德）

上课之前的静心使我觉得上课之前很浮躁的心变得踏实，这可以让我们在上课的时候能更加专心地听老师讲课。

仔细观察，认真思考，我觉得可以让我们在考试中更加容易得 100 分。不被外界的事物所干扰，可以令我们在上课时更认真听讲。

（孟　言）

我理解更深刻的是：你无论遇到什么事，只管勇敢地去做就好了，不要在意别人的话。世上没有不可能的事，只要你努力去做了，就一定会成功。

我震惊了，在上训练课之前大家抢着发言还会发脾气呢，但上完训练课后大家都有了变化，我看到了同学们对心智训练课的喜爱。

我把上心智训练课的事情和收获告诉了妈妈，她也鼓励我要好好上这个课。

（吴淏苊）

我的感受则是更自信了，我觉得似乎自己对什么事情都有把握做对。

我这学期开学时并不像往常一样浮躁了，很容易静下心来投入学习中，我想，这都要归功于心智训练课程。我们可以从心智训练课中学会静心及许多对我们有益的东西。

（王嘉蔚）

我终于知道了静心为了什么。静心，说白了，就是让人心不再浮着，把自己的注意力集中在大脑上。

我会把心完全地静下来，会认真、耐心地听老师和同学讲话了。

我一定会登上第三个台阶，而且成为班级里第一个登上第三层的人。

（曹碧桐）

我发现只要我把心静下来，我干什么都不会忙于去做，而是踏踏实实地看好了再做。

我感觉到静心对我特别重要，静心能让我把事情干好。每次心智训练课我都可以做到静心，上课效果也特别好，每次上完课我都有新的收获。但在别的课上我还不能做到静心，我会在以后继续努力做到静心的。

（刘雯曦）

有些事情要看全部，也有些事情要看细节，我每节课都有新收获。

（刘天龙）

上完这门课，我意识到了静心对学习能力很有帮助，家长也发现我在做题时速度加快了，正确率高了，所以很赞成开设这门课。从长远角度来看，这门课不但可以提升考试分数，还可以使我们做事时更有条理性；不一味地"想当然"去做，而是经过慎重考虑再确定最终计划。

（贾国维）

平常在课上找不到答案的我，突然在今天的第一幅图中一下子就发现了最好找的两个人头，可我没有马上举手发言。因为我慢慢静下心来找，细心仔细地找，找到了图片外隐藏的八个人头。

我认为我今天的进步来源于我能认真听清楚别人的话再思考和发现自己的毛病后努力去改的功劳。

我相信老师也发现了我的变化，我一开始不知道我有这个坏毛病，但知道后就马上改是我的一个很大的优点。我在课上收获不小。

（王雨曦）

往后的几节课，我经常举手发言，我感到自己越来越相信自己了。有一节课，老师让我们想老师想的数字，那节课我觉得自己静心效果有点不好，所以我没有想出来。我感到我在所有课上的听课效果提升了。

（龙　威）

上这个课让我知道了观察图片要有顺序地去找和仔细地去找，这样就能把隐秘的地方找出来，还有我们要专注地去干一件事，这样你就能成功！

（闫欣悦）

慢慢地，我感受到静心后明显能更好地集中注意力，并且观察更仔细、认真，还有效地记住了很多知识、方法。静心还能排除外界干扰……

在做任何事前先静心，会得到很多知识；观察一定要有顺序并且非常仔细地看；在记一长串数字时，先看整体再看每一个数字……数学课上我敢于发言了，不再害怕；各科考试我不再紧张，放松参加考试……它的作用真的很大！

　　家长听了以后让我更认真地听课，抓住机会，取得大的进步。我们要珍惜这个机会！

（王芮琦）

　　许老师不是让我们快速地举手，而是叫我们在脑子里像过电影似的回忆一遍，等回忆清楚组织好语言时再举手，我发现许老师总能发现我们每个人的不足，能给我们提供方法让我们改进提高。许老师常说，不要管别人怎么看你，你永远要做最好的自己。不要在乎对还是不对，对了也罢错了也罢，错了用新的方法来改正，对了继续努力，争取再上一个台阶。许老师这些话我一直记在心里，我一定会进步的。

（丛恺天）

　　这门课，让我长智慧，学做人。

（易知来）

　　听完音乐，我会静下心来，不浮躁。这让我在课上能专心听讲了，其他同学也能做到认真了。

（崔鼎昀）

　　现在我上课时，就什么都能听进去，而且也积极举手，很投入，什么事情都不管了，只听着老师讲课。

（吴雨涵）

　　老师是想让我们学会从局部细心观察，而在做找婴儿的那道题时，老师就是要我们从整体观察，再比如说今天那道从100个"M"中发现东西，而这就是在教我们从很复杂的事物中寻找突破口。

（刘昊轩）

　　我感到我现在心静了，不浮躁了，写字也不像原来那样潦草了，并且也在学习和与人交往上有了很大的提高。
　　在其他人眼里9班也正以很快的速度腾飞。

（汪绍博）

原来课上"发现"的时候，我总发现不了什么，现在在上课我从同学们身上学到了很多的方法，也能发现很多东西了。

（李米米）

在听讲、完成作业时，静心都帮了我很大忙！

这对我参加绘画比赛有了很大帮助呢！如今，我已经能用老师教的方法准确地观察物体图片。

（丛恺乐）

现在，我总结了经验：上所有课前，不要跑进班里，要慢走；不要匆匆忙忙地去柜子里拿用具，要在上课之前准备好；不要上课铃打响后还说话，这样上课会分心的！

（臧贞乔）

假如我就是被嘲笑的人，我一定羞愧得无地自容，看来做事一定也要从别人的角度想一想他们的感受。

这还真验证了一句话：一瓶子未满半瓶子哐当。

（阴湛清）

……我的注意力在课上提高了，能专注地听老师讲课，冯校长夸我们，说我们听讲好。第三点，我发现同学们的思维更有序、更清晰了。第四点，我做事不那么紧张了。我们不能只在心智训练课上静心，其他课我们也要去除浮躁。

（梁雨琛）

我比以前更淡定，更临危不乱了。以前要是发言或考试，我都特别紧张，心跳特快，但是上了这么多次课后，面对困难、挑战都很坦然。我做事也不那么冲动了，我也会分析理解，找出重点。

（王馨冉）

有一次，我去上课外班，我把心静了许多，最后居然把一道我以前不会做的题做出来了。

只要静心，就可以做到自己做不到的事情。

（车牧卿）

以前，有的同学一错了就像被猎枪打中了一样惊慌失措，我也一样，但是，在上了心智能力训练课后，我的胆子大了很多，我最大的收获是：不要管别人怎么说，自己觉得对就行。

（王曼漪）

静下心，我的一些烦恼就消失了，感觉心情很好，也放松了，在课上不会走神了。

（黄盈羲）

要静心，这是为了让我们观察得更仔细，记忆得更准确，这种能力要不断地积累，才能做得更好。

我觉得心智训练课对我很有帮助，我们要珍惜这个来之不易的机会！

（朱靖江）

开始我想：放音乐有什么用啊！我快烦死了！不听了！这一节课，我过得没头没脑的。但是，老师的一句话触动了我："静心是任何事成功的基本，也是成功的核心。"我想是啊！每个人都渴望成功，如果不静心什么事都做不好！之后的心智训练课我就投入进来了，就会专心听讲了。

（随其源）

做任何事情时都不能斤斤计较。

做大事的人千万不能拘泥于小节，抓住一件事不放，但是也不能太放松警惕。

做人要沉沉稳稳，真人不露相，露相不真人！不能因为自己发现了一些很不值得一提的小事就高兴过头，向别人炫耀。有可能这时别人已经发现了更加深奥的东西，只不过不说罢了。

做事情的时候不能胡乱联想，要切合实际并仔细思考。最后，如果不能找到时，可以结合生活并可以抓住某一点来发现并取得成功。

（王择硕）

我发现自己静心之后就全身心地放松了，不像原来那样浮躁了。

逐渐地，心一旦静下来之后，脑子像一台高像素的相机，不仅能记住，清晰度和仔细的程度也有了提高。最重要的是，原来没上心智训练课时，我做事很茫然，毫无办法，做一件事用时长，效率低，质量也不够。可上了之后，首先是我掌握了办法，然后把心静下来的，这样不仅用时缩短了，效率提高了，专注度也高了，最后学习质量随之提高。

（胡子蔚）

我觉得做什么事都要淡定，不能骄傲，不要一上课就说你的不对，我的才对。要知道别人有别人的想法，老师说得对，你就认真地听；老师说得不对，你就说说你的想法。

上了这个课后，我只觉得在发言时非常放松，这都是因为静心才能做到的吧。我非常喜欢心智训练课，因为我没有负担，并且还可以做一些游戏，可以听老师讲道理，可以说出自己的感受，即使我说错了，也不会被别人嘲笑。

（唐贝宁）

二、教师参与课程研究的感悟

改变，从我做起

石海平

"许颜工作室"这个名字大家已经很熟悉了。我作为这个课题组的新成员，得到了很多老师的帮助，在此表示感谢。

今天，和大家汇报的主题暂时保密，大家边听边猜着，副标题是参加"许颜工作室心智课题研究"的感悟。我将分三个方面向大家介绍。

（1）"心智课题研究"为什么能够吸引我们？

（2）心智训练课上，我们在做什么？

（3）老师和学生在课题研究过程中发生了哪些变化？

一、"心智课题研究"为什么能够吸引我们？

用"吸引"这个词来形容，对我们课题组的成员来说再恰当不过了。我们期待每一次心智训练课和每一次课题例会，就像一棵棵刚栽种下不久的小苗需要定期浇水一样，我们需要不断从课题研究小组中汲取营养。这里也确实有我们需要的营养。

营养一：另一种教学的角度——解决了我一年的困扰。

一年前，我接了四（九）班，这个班的孩子给我最突出的感受是逻辑表达能力较弱，孩子们课堂听讲时注意力不够集中，通俗地说就是容易散神儿。所以，常常在这个班上完课感到疲惫不堪。可是，怎么让孩子集中注意力？怎么提高孩子的逻辑表达能力呢？我尝试了很多办法，但效果都不明显。

从今年九月份开始，我参加了许颜工作室。许老师曾经跟我说过这么一句话："换个角度，也许就能突破。"什么角度？许老师真有什么高招吗？起初，我半信半疑，开始走进这个课题。在听许老师的 13 节训练课的过程中，我发现老师对学生的有效指导是非常重要的。这也正符合我们学校倡导的教学理念：适时地进——教师要进行有效的指导。

营养二：一种引人思考的教育角度——让我眼前一亮。

在本学期初的第一次心理小组例会上，心理小组的成员就达成了这样一个共识：先从老师做起，改变自己。改变对学生的认识，排除孩子身上的问题，而不是抱怨学生；改变我们的教学方式，使我们的教育教学真正促进学生的发展。

改变自己的过程就是培养自己的过程，提升自己的过程。

我们不否认要从多种角度分析孩子身上的问题。但要付诸行动，必先从教师做起。这种观点已经在案例交流会上得到了证实。不论是老师们举的例子，还是卢博士举的改变多动症孩子的案例，都证明：教师的心态改变了，工作状态就会改变，处理问题的好方法自然就生成了，好的教育方法必然带来学生状态的改变。

营养三：一种不计名利的研究精神——让我感动。

每周二和周三都有和许老师连线的心智训练课，目前每周 5 节。许颜老师除去要完成在美国的工作外，还要担任国内每周 5 节课的教学工作。其工作量可想而知。每当我们感谢她时，她总说：孩子们有收获就好。其实，岂止孩子们有收获，我们每个听课的老师都从心智训练课中受到了很大启发。

隔周周三下午是心理小组的课题例会。从教学到班级管理，从孩子到家长，些许经验、些许问题，每位老师都在自由而热烈的讨论中获益良多。

每周六上午从九点开始是课题组老师和许颜老师的连线时间。许老师很能够开发资源，使得我们能和更广泛的人群谈论教育问题。比如原宣武区的语文教研员乔亚梦老师、在美国读书的中国留学生，美国本土的学生，在美国任教的中国籍教师，以及哈佛大学和麻省理工学院的两位研究人员都参与了研究与交流，和他们的交流让我们拓展了视野。参加课题的老师也非常投入，比如：王蕴、杨蕊、徐爽、谢雨霞、赵娟、曹岚、张未、孔泽明、张维、柴琳老师和我，冯红校长也在百忙中参加大家的讨论。老师们常常提醒：太晚了，许老师该休息了，这个问题留到下次讨论吧。有时兴致未尽，竟到了下午两点来钟才结束讨论。而美国那边，应该是凌晨2点了。大家在一起相互了解，没有名和利的追求，只为了大家共同关心的教育问题。正应了一句话：我们辛苦着，并快乐着；我们付出着，并收获着。收获的不是名，不是利，是我们对自己的重新认识，是我们自身的成长带给我们的满足和快乐。教师快乐的工作带来了学生可喜的变化，学生的变化让教师更加有干劲儿，这就构成了一个良性循环系统。我们的工作状态和学生的学习状态都在悄悄地发生着改变。

营养四：一种教育本原的课堂——让我受益。

和"以知识为本"的教育理念相对的是"以人为本"的教育理念。"以人为本"已经成为了我们所追求的教育本原。记得原教育学院文喆院长来北京第二实验小学听完课后给大家做的讲座，让我记忆犹新的是，他说："知识多少不重要，重要的是兴趣；学习兴趣比成绩更重要，它是学生求知探索的动力。"

扪心自省，我觉得自己所做的与"以人为本"相去甚远。这半个学期来，在听许老师的心智训练课及和心理小组成员们的交流过程中，我越来越感受到自己在十几年的数学教学中过于强化学科本位，淡化了孩子基本认知能力的培养、兴趣的开发和自信心的建立。而这也正是许颜老师的心智训练课吸引我的另一重要原因。心智训练课上整合了多学科必备的基本认知能力——注意力、观察力、想象力等，以及一些学科能力，如表达能力、逻辑思维能力等，还包括信心的建立、习惯的培养、如何理解别人、如何与别人交流，等等。

到底什么是教育的本原？我一直困惑如何把"教育本原"解释清楚，直到12月27日，听到李烈校长述职报告中提到那个"人"字，我才豁然开朗，这就是教育的本原呀，抛开学科的知识，孩子们在认知系统、动力系统这两大方面得到了发展。

这种全新的角度，让我重新审视我的数学教育，也带给我很多思考。

二、心智训练课上，我们在做什么？

心智训练课是课题研究的重要组成部分。每周三，我们班的一节数学课改为由许老师亲自授课。不少老师会有疑惑：许颜老师要给我们讲数学吗？

（一）倾听是怎样学会的？

冯红校长提供了这样一个案例：在一位老师的课上，当老师反复讲了几遍要求后学生还问时，老师这样说：（出示图片）"我都说多少遍了，你们刚才听什么呢？怎么还问我？"

评价：孩子们为什么不会倾听，可能其中原因之一就在这位老师身上。为什么要对孩子反复说那么多遍？好习惯是培养的，坏习惯不也是培养出来的吗？换句话说，可不可以这样理解：孩子的坏习惯的形成只是因为我们家长和老师不会培养好习惯而已。

比较一下许老师在课堂上的处理：

在一节心智训练课上，许老师是这样做的：先放15秒钟录像，然后说："许老师记性特别好，你们问过的问题决不再回答。"

在后面的环节中，学生提出的重复性问题基本消失了，即使出现一个，其他同学马上会反应：别人已经问过了。

启发：这个小片段中，看起来老师在"为难"学生，然而，这种"为难"是不是对学生集中注意力、认真倾听的培养呢？

（二）信心是怎样建立的？

教师要关注每一个学生，帮助每一个孩子树立自信。这不是一句空话，不是我们跟孩子说"你能行"，孩子就能行，教师是要带领孩子在行动中找到从"不行"到"行"的感觉。一位小姑娘起初并没有找到图画中的两张面孔。老师不断鼓励她，相信她，引导她。让她从"找不到"到"自己找到"，从认为自己"不行"到认为自己"我能行"，这个过程就是建立自信的过程。一个孩子自信建立的过程在全班能够受到感染。孩子们两次热烈的掌声已经告诉我们，他们感受到了从不成功到成功的喜悦。

启发：学习困难的孩子不就应该在课堂上这样去引导吗？指导这些孩子的过程也是在帮助其他孩子梳理思路，找到解决问题的途径，体验从不会到会的过程。

强大的自信心、浓厚的兴趣使得"人"字的一捺强壮而有力，这也是为什么在心智训练课上老师没讲任何学科性的知识，而班级整体的学习成绩却显著提高的原因。

三、悄悄发生在教师和学生身上的变化。

（一）教师的变化

（1）首先，老师们能认识到自身的问题，并且接纳自身的问题。

（2）不仅去听、去学，重要的是去做。

下面是参加课题的老师们的一些心里话：

赵娟：10月26日第一次和许老师、孔老师一起开例会，这次例会是我又一次成长的开始。从那次会后，我开始了静心，虽然当天许老师给我的点评是浮躁，但我理解了浮躁的意思，以前高主任也说我浮躁，我不承认。当着那么多人点评我，我也觉得不好意思，可是我并不觉得不安全。我对工作室的同事很信任。我觉得应该积极地面对自己，面对真实的自己。

孔老师：从参加这个课题以来，我变得越来越气定神闲，遇事能冷静下来，站在学生的角度，理解学生，抓住学生内心的需要来解决问题，解决问题的办法越来越多，越来越有效。这样也使我越来越自信，敢于挑战问题，帮助课题组老师解决自身及学生出现的问题。在这些工作中我获得了成长，这种成长又带给我心灵的愉悦，而这种愉悦又成为我成长的动力。我想：这就形成了良性的循环，不断促进我的自我发展。

我的变化：和赵娟老师一样，在第一次例会上，许老师毫不留情地点出了我的问题"看不准人"。当然主要指不能对学生进行准确的分析。所以，在许老师给我们班上完心智训练课后，一般我都会选取一个最使我受启发的环节做一个实录片段。根据这个片段，结合自己的教学进行对比思考，目的就是提高自己分析学生、分析问题的能力。本学期我针对心智训练课共写了16个案例，1篇论文，共计4万字。这4万字中蕴含着我悄悄转变的对教学和教育的重新认识。

接纳我们自身的问题，看看这学期我们自身能发生多少改变。这就是开学初课题组老师们明确的一个目标。

（二）学生身上的变化

（1）静心训练使孩子们课堂听讲的状态发生了变化。参与课题的班级，孩子们能够在课堂上坐得住、听得进去了。一些科任老师反映："7班的孩子越来越懂事，越来越喜欢7班，越来越爱上7班的课了。"写字张老师说："你们班这学期进步特别大，课上纪律好，有问题一说就听，不和老师顶撞。"科学马老师说："大多数孩子知道学习了，上课倾听和发言进步特别明显。"不少曾经担任过九班教学的科任老师也反映"9班变得踏实了"。

五年级9班这学期刚刚参加课题训练。说心里话，9班发生这么大的变化，还有一个重要的原因就是这个班有韩荔枝老师有条不紊的班级管理。

特别要感谢的是，每一次心智训练课，韩老师都和我们一块听，和我们一起交流。9班的进步有您一大半的功劳。我代表课题组的老师们感谢您的支持与参与。

（2）成绩的变化。9班在参加课题半个学期以来，在口算和计算方面的进步明显。在我教的9班和10班两个班中，9班从没有高过10班，这次口算达到25人全对，居于年级前列。期末大卷成绩的排名和原来没有变化，但是从一些题目的分析来看，课题训练效果已经在慢慢进入学生的意识。我们把这次考试的错题归总后发给许颜老师，许老师请哈佛大学研究人员进行了分析，发现9班的学生的思维灵活性与知识运用能力已经开始建立，通俗地讲，后劲儿很足。但这班学生目前在概念的准确记忆方面积累的漏洞较多，需要教师的重新建立与重复练习。这样的分析明确了9班下学期的改进目标，使得数学任课教师能够准确地找到现存问题的根本原因，并清晰地发现自身在教学中的关注点以及对学生的学科训练点，为此，我也坚信课题训练的效果以及学生未来的发展。

更可喜的是，在期末测试中，9班的语文成绩明显进步。韩老师举了个例子：一道阅读短文题要求：把短文中画"～～"的句子联系起来读一读，再填空。不少孩子都选取了其中一句谈理解。但9班的孩子大多数能把四处内容联系起来看。韩老师说这与心智训练课上观察力和逻辑表达力的训练特别有联系。

另外，由于赵娟老师坚持带领学生做训练，班级百词比赛也由以往不足10个人全对增加到了将近30个人全对。

再有得到的信息——孔老师所带班的数学和语文成绩均有显著提高。

孩子的改变源于教师的改变，综上所述，改变，要从"我"做起。

心智训练课改变了我
——梦想照进现实

王　蕴

一、训练课让我思考了很多作为老师应该思考但是以前从未思考过的问题

刚刚开始参加这个课题研究的时候，我的目的是解决学生的问题，能让学生以平和的心态面对学习和生活。

曾经，我不愿意做一个教书匠，照本宣科，照猫画虎，仅满足于课本知识和既定教材的讲解和教授，我不停给自己添加目标：倡导学生读儿童文学书籍，开设班级读书会，每周讨论一本共读的书，给孩子们上绘本读书课，甚至我还设想自己给孩子们写书……太多梦想等待我去实现。我就是因为这个才来到小学的，我不停提醒自己，不要忘记当初的梦想！

但是现实总是残酷无情的。

作为班主任，我找到任何能倾诉的人都会抱怨不停：现在的孩子真的很难管！每个老师在自己班级里都会遇到一些让人头疼的学生，他们或是懒于学业，或是富于攻击，或是不能合群，个个都是制造事端的高手。作为一个班主任，有时候发现自己就算是三头六臂，也无法做到平息这些孩子制造出的矛盾，总是摁了葫芦起了瓢，每天被这些事情弄得焦头烂额，根本没有时间经营班级、研究教学。梦想在哪儿呢？我迷茫极了。

于是，我开始想尽一切办法试着离开班主任这个让我心惊肉跳的岗位。但是逃避并不能解决问题，只能让问题越来越严重。因为一心逃离，我不愿潜心钻研；因为抵触强烈，更想不到解决问题的方法。

这就是我的状态，我就是带着这种迷茫并希望从学生无休止的事端中解脱的心理参加这个课题组研究的。

但万万没有想到，一路走来，我发现随着课题研究的深入，改变的绝对不仅仅是学生，更是我自己！

我，作为一个教师、班主任，被这个课题改变了！这是一个改变学生同时改变老师的课题。

这个课题让我开始思考教师的专业化，让我想到自己作为一个老师，一个班主任，并非谁都能心血来潮地当一当的，这是一个有自己专业领域的工作。

二、交流与研讨让我开始开窍

从刚开始懵懵懂懂的一知半解，发展到了今天目标明确地使用各种方法去教导学生，疏导学生情绪，规范学生言行，我惊喜地发现自己在班级管理方面初见成效。

在跟着许老师等几位老师的不断深入研究中，我更深切地感受到了，应该如何对待学生中出现的问题。回想到我刚刚参加工作时，一位班主任老师向我传授经验曾经说：你对学生要爱，但是严时一定要很严。这样他们才能既爱你又敬你，才能达到你要的效果，学生才能真正听得进你发自肺腑的引领。曾经，我一直在困惑，什么是真正的严？是学生犯错时的吼叫？还是冷面孔？抑或是别的？课题研究小组的交流让我更深刻地感受到，真正的严，并不神秘，真正的严，就是制定规则，告诉学生为什么这样做，这样做的好处；然后去执行。别小看这两个字：执行。要想做到严格执行规则，一个老师必须做好充分的思想准备才能。执行的力度、强度和信度，都会被各种因素干扰。有时候，这种干扰可能是时间上的，有时候可能是情面上的，更可能是惰性使然。但一个真正的好老师不会被干扰，他应该是绝对镇定地、铁面无私地执行规则。哪怕为此付出时间、体力、精力等的代价，换来的却是学生的爱与敬，也是值得的。最近，我在班级管理方面加大了执行力，效果果然让人欣喜。

同时，我正在研读小巫的书《与孩子划清界限——成功训育儿童自律的法宝》，里面讲到的是要给3、4岁的孩子建立规则意识的办法，我本意是想用以教育我的儿子小九，没想到，却惊讶地发现书中的一些东西与自己在课题组研究中得到的东西有一定的相似性——树立规则，让孩子看到自己行为的结果。不用责怪，不用惩罚，甚至都不必生气。把事实摆在孩子面前：这就是结果。因为你做错了事情，结果就是如此。

这些规律性的东西让我茅塞顿开，我相信自己不仅能做一个好老师还能做一个好妈妈！

三、成功的法宝——踏踏实实做事

许老师经常说："所有的事情都是做出来的，不是说出来的。"不管是哪种意义上的成功，都必须依靠脚踏实地做事。实现写作的梦想不是靠口头喊，"我要写作，我要写作"，而是靠一个字一个字地敲出来的；管理班级更是勤勤恳恳做出来的。如果疏于管理，或者力度不够，往往会前功尽弃。

制定规则后的执行也是考验一个老师的耐心和恒心的过程。这个过程可能会牵涉很多很细化的东西，包括与家长的沟通，形成统一战线；包括对学生心理的疏导；甚至是与某个"特需生"周围的同学达成共识和一致，等等，都需要教师付出大量的心血。有时候一点小差错也会带来大麻烦。

不过，我现在好像不像以前那样怕麻烦了。麻烦没有，说明状态很好；麻烦来了，也很好，说明暴露出了问题，好好解决，会让班级和学生的状态更好。这两者并不矛盾。

能有这样的心态，我觉得自己离专业化教师的距离更近了一步。

四、"只有笨老师，没有教不好的学生"

以前，我对上述言论嗤之以鼻。说这话的人准是没当过老师，不明白和不了解老师的辛苦和难处。"这些学生怎么这样？""这种学生谁来了也没辙！"这些思想只能让老师放弃自己职责职能，选择放弃和无奈。

通过与老师们的交流，我发现，有时候老师自身的问题也很多。如果一个老师时时处处都在想着学生没法管，那他怎么可能管好班级呢？而如果总能从问题出发，去寻找解决途径，探究问题关键，可能会成长得更快，能早日独当一面，面对再难的问题也丝毫不含糊了。也就是说，遇到问题，不能把时间浪费在抱怨上，而应该积极寻求解决途径，抱着"方法总比问题多"的信念去努力，相信总会让自己成为一个能力强的好老师。

五、接纳自己，相信自己，对于一个老师来说比什么都重要

其实，我一直都不是一个非常自信的人。每次听别的老师讲课，都会赞叹，然后跟自己比，觉得自己永远都赶不上别人；同时，自己因为读书时间长，虽然年龄跟同事们都差不多，但是教龄却相差甚远。这些都似乎是不可逾越的鸿沟摆在面前。在讲课和管理班级方面，我永远都是一个后来者，也是一个弱者。

许老师不止一次地鼓励我，要发现自己的亮点，不要总是拿着别人的亮点和自己的弱项比，这样永远都无法活出自己的精彩。

现在的我，不再一味地跟别人比精彩纷呈的公开课，我要给我的学生同样的精彩——我组织他们大量读书，开展班级读书会；给他们出作文专辑班刊，指导他们写真实生动生活化的作文；为了加强学生之间的交流，我不断更新班刊的形式，让每个同学的作文都能得到同龄人的评价，同时评价别人作文时，从中吸取有益于自己写作的方法；我还准备给他们开设绘本阅读课。比起精彩纷呈的公开课，我相信这些同样能给学生以超强的语文能力。班级管理方面，我充分运用从研究中学到的方式方法，给学生一个井井有条的学习环境，一个友爱团结的生活环境，让学生在我的关爱下健康成长。

我们要接纳自己，相信自己，让自己活得更生动，更美丽。

参加许颜老师课题组感受

张　维

2009 年 12 月至今，我参与了许颜老师的开发潜能的课题组后，有一些感受。

一、教师的变化

参加课题组后，通过跟许颜老师的学习，感觉自己还是有很多的变化的。下面结合自己和学生的一些事例谈谈自己的感受。

1. 心态上——静

作为一个"80 后"的老师，自己在求学的道路上基本上是按部就班，在以前

的教学模式上成长起来的。自己对分数很看重，因为从父辈那里得到的灌输就是只有通过学习才能改变命运。从小到大对自己的学业在乎，希望在学业上体现自己的价值。一路走下来，觉得自己的求学道路虽有些辛苦，但总体还是顺利的。专科续本科，本科再考教育硕士，每次的大考都能通过并且高出录取分数线很多。这也许是造成在工作后我对学生优秀成绩的追求的根源。我认为在学习上有方法，那么在教学生取得高分时也不会很难。

但是我的想法是有问题的。在参加完课题组后，我更加体会到自己以前的认识是片面的。因为时代在飞速发展，我学习的东西和现在学生接触的很多不同，因此方法上也有不同。如果倒退回至我读书的年代，可能我的方法还适用。但是现在不是这样。比如：讲过的知识点还是不会，简单的默写背诵错误率高。我最初就是用增加默写的次数和数量来解决错误，希望将错误率降到最低。后来发现简单的机械训练根本不能降低错误率，反而会越错越多，学生也就会产生厌烦情绪。

参加许颜老师的课题组后，看到了许老师训练学生的短时记忆的方法，对学生提高准确率很有帮助，许老师在训练的同时要求学生静心。许老师一直给我班上课，通过前后对比发现，学生经过训练后准确率提高。

因此我知道，急于求成的心态很难把事情做好，心不静，急躁，思维就会受限制。很多事情本可以做好，也会忙中出错，这样不够专注地做事会影响到很多方面，比如处理学生的问题、和家长的沟通上。现在我还在继续学习如何保持自己内心的平静，用平静的内心面对突发的事情。现在感觉自己也会放松下来，突发事情出现后头脑中不再是忙乱的情景，情绪上也不像以前那么急躁了。我告诉自己要先冷静，然后想办法解决。

2. 认识上——接纳、合作

虽说读书中总是有接纳、合作这样的词语，但放在工作中我是不太懂这两个词的含义的。工作中会出现困难，原因是我自己没有学会接纳，或者说不是接纳所有的人。对于业务水平很高的人是内心完全地接纳，对于和自己的处事不同的人接纳上就有困难，在谈合作时就觉得更难。

参与课题后，我自己也是被训练的一员。在学生接受训练的同时，我也在接受训练。作为一个成年人，习得的认识改起来有困难，内心会有矛盾和挣扎。当事情出现时，我的第一反应还是以往自己的认识，但训练后我会马上给自己一个提示，想法有些不对头，要换个角度想问题，不去偏激地看待事情，更应该从多个角度看问题，这样的接纳才会是真诚的，合作才是愉快有效的。到现在，遇到事情时我感觉自己又有了进步。以往我不会马上反应，而是看到事情的两方面，要想把事情的多方面都看到还需要继续训练自己。

3. 教育教学方法上——反思、调整

学生的变化很快也很大，在平日教学中遇到教育的问题特别多。我作为年轻老师，不知道怎么处理新学期学生身上的问题。因为各种因素很多，我不能准确地抓住有问题学生最突出的那一点，或者是全班的特点。带班的过程中我会理不出头绪，抓不住、抓不准问题，自己会感到身心疲惫，教育效果还不好，有时候会适得其反。例如：现在的学生很能讲道理，老师的道理他们都知道，他们甚至比老师还能讲道理，但是他们知道道理却不按规则做。在这里我遇到了很多困惑，感觉学生不好教，有的家长难沟通，学生的想法各有不同，想让一个班有序还要保持每个孩子的特点是有难度。

参与了课题后，在跟许老师学习中我也知道了学生各不相同，班集体的特点也需要老师平日多留心观察，不能想当然地教育学生，空洞地说教只能导致学生的厌烦和逆反。许老师借助表象技术把握全班整体的情况，对于新接班的老师这种方式特别好，可以很快地摸清班级整体的情况，便于老师开展工作。画一个简单的苹果，从中可以发现班级中很多现存的问题，这样的方式值得我不断地学习，方法学会后还要会用，这需要时间锻炼。许老师曾经对全校各年级中很多班级进行过测试，结果和班级反映出的问题一致。这有利于班主任老师有的放矢地工作。我也从中明白了调整自身的方法，只有不断反思才能带动一个班级的发展。

二、学生的变化

1. 学习静心

最开始学生觉得静心训练没有用处，有些还在静心训练中装模作样。经过许老师的课，大部分学生感受到了静心的作用，能够很快静下心来，等待头脑中的图像。最初学生头脑中有很少图像或者没有，随着时间的推移，学生头脑中的图像逐渐多了起来。通过许老师对这些图像的分析，我了解学生的心态也比最初接班时平和了、静了。学生开始学习自己分析自己头脑中的画面，许老师指出分析画面本身就是情绪的一种释放，对于缓解学生的紧张情绪、减压有帮助。作为老师，要站在更高的角度上看待画面，不要丢掉小细节，老师要能先静心，才能理解学生的画面。

从2010年9月到2011年5月，我对我班的39名学生参加这项训练的情况做了一个统计。为了便于统计我用上学期期末全班平均分为标准对参加训练的学生进行了划分，其中，20名同学的期末成绩在全班平均分之上，19名同学的成绩在全班平均分之下。下面，我对这两部分学生通过训练，渐渐地在这个过程中感知具体景物的一些情况和趋势做一个直观的呈现。

学生产生脑内清晰运动统计表

统计时间	2010年11月	2010年12月	2011年3月	2011年4月	2011年5月
脑内运动清晰人数/人	6	19	27	35	37
占全班总人数百分比/%	15.4	48.7	69.2	89.4	94.9
平均分下学生脑内运动清晰人数/人	1	5	10	15	17
占平均分下学生人数的百分比/%	5.3	26.3	52.6	78.9	94.7
平均分上学生脑内运动清晰人数/人	5	14	17	20	20
占平均分上学生人数的百分比/%	25	70	85	100	100

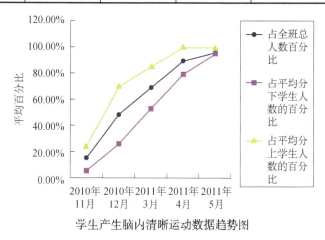

学生产生脑内清晰运动数据趋势图

通过上面的趋势图我们可以明显看出，通过训练，越来越多的学生在这个过程中会感知到具体景物。该训练对全班绝大多数学生产生了一定效果，在训练初期，学习成绩较好的学生提高较快，而在训练一段时间之后，学习成绩较差的学生也能迎头赶上。

2. 学习面对自己的问题

训练初期，学生犯了错误总是把目光盯在对方身上，为自己开脱找出理由，或者选择逃避问题。开口第一句话就是："老师，是他先……"经过许老师的训练，学生们开始面对自己的问题，不再害怕自己的错误被找出来。懂得被挑剔是一种幸福。知道犯了错误时要先找自己在哪个方面做得不好，第一句话是："我在……方面做得不对。"

3. 学习理解他人

理解也是多方面的，同学之间的理解直接关系到班级的氛围。大家在训练中懂得了理解、尊重的含义，对别人要更加宽容，善待他人，不斤斤计较，同样学习理解家长和老师的良苦用心。例如：班中有特需生，最初大部分同学很难接纳他，甚至在他暴露了问题后还不客观地评价他，这对于这个学生来说是不公平的。随着训练课的推进，大家逐渐在接纳这个学生，对他的行为开始理解，慢慢地宽容他。现在他比三年级时好了许多。

4. 学习自己管理自己

上学期我在给班干部开会时讲了，干部更多的责任是组织同学们，干部之间是配合关系，不是去管理谁。大家都管好自己就是最好的。这种思想也是我参加课题组后感触最深的。许老师之前的训练课中上过几次针对管理自己的主题，就是希望学生懂得管好自己是最重要的。学期中有突发情况下没有老师来上课，也有时我开会不在，也有时我刻意不在教室，以训练学生们和班干部配合。这也是让班干部逐渐有意识去组织大家做事情。虽然还有问题暴露，但是有部分学生知道在老师不在的情况下听班干部的组织，或者做自己的事情。学生自我管理也是我在下学期的工作中需要继续努力学习的内容。

三、教师和学生的配合

经过一直以来的训练，学生和老师间逐渐建立了配合。配合不仅仅是行为上的，还有思想上的。不是严格的统一，而是在某些问题上师生达到了共识。是发自内心的认可，才能从行动中体现。这需要老师不断地组织学生，让学生自己动起来，自己尝试，在尝试中调整各自的方法，达到一个理想的状态。

其实学生身上的有些问题就是我自己身上的问题的反射，这也给我提出了警示；只有自己做到静心，学生才会静心。在学期期末优秀班集体的班级讨论会上，学校让申报的班集体写出自己班的一个特点。我们班的孩子最后同意这句话作为申报的特点：真正的努力，为真实的自己。

我觉得他们说得挺好，我也会和学生们共同努力，做真实的自己！

静心是我和孩子的共同需要

赵 娟

10 月 26 日第一次和许老师、孔老师一起开例会，这次例会是我又一次成长的开始。从那次会后，我开始了静心，虽然当天许老师给我的点评是浮躁，但我理解了浮躁的意思，以前高主任也说我浮躁，我不承认。当着那么多人点评我，我也觉得不好意思，可是我并不觉得不安全。我对工作室的同事很信任。我觉得应该积极地面对自己，面对真实的自己。我当天如果选择沉默，不去询问许老师也许我永远认识不到真实的自己。当我们这些老师去体验静心，参与其中时，我就打心底理解了什么是静心。听了许老师的许多课，看到许老师就某个点指导学生，直接击中学生的问题，并且给指出一条路径，这个过程全体学生受益，听课的老师心里何尝没有波澜？我更加理解了学生是家长和老师的镜子这句话。忠言逆耳利于行，一点不错，如果没有许老师振聋发聩的话，我又怎么能去努力地审视自己。也许我还会阿 Q 地宽慰自己："没关系的，每个人都有自己的向背！"以下是我最近的进步点，我写了我最有感触的两点，和大家分享。

我和学生进步点 1

静心的开始，我们班级中午的闭目养神十分钟改为静心十分钟。从前的闭目养神都是趴在桌子上，为了班级安静，我甚至让所有学生朝一个方向，实在不能休息的两个人也不许出任何声音，以免影响其他同学。二年级时我一直是这样做的，但是到了三年级，孩子们没有那么听话了，全班静下来全都坐定就要五分钟（学生有从图书馆回来晚的，有游戏回来晚的，有值日没做完的），我很恼火，很抓狂，数学老师和我看到这种情况都开始批评学生，班级里抑扬顿挫的老师的声音不断。直到有一天，我的班级安静了，从隔壁班传来老师刺耳的批评声，我开始思考，这样孩子能养神么？对于这种新问题，我首先跟孩子约定，戴手表，在打铃前两分钟往回走，这样打预备铃时孩子们能够坐好，第二遍铃声响起时能够做到气息平稳。

现在班级的状态是这样的，当第一遍铃声响起全班几乎都能回来，正式铃声响起，班级就安静了，我一播放《走进绿意》，班级静心的人数从几人、十几人、二十几人，到现在绝大部分学生能做到静心。即使有个别学生偶然来晚了，看到班级的整体状态也会蹑手蹑脚地走回座位坐好。孩子们的静心信号是音乐的声音。我感觉非常好！

我和学生进步点 2

我这个班级比起第一次带的班级有很大落差，我带第一个班级时很轻松，学生成绩就不错，但带这个班级非常吃力。老教师曾说，如果百词比赛孩子错得比较集中是老师讲解的问题，但如果错得分散、面广，则是规矩习惯不够了。我班在一、二年级时孩子们的百词赛满分人数几乎都是个位数字，我带着孩子非常努力地练习也不过十个出头，着实令我着急。最悲惨时我班在一年级的基本功测查中考了年级倒数第一，满分人数 8 人，是老教师班级的一个零头。数学期末考试也是年级倒数第一。我感觉自己到了"霜降"了，在我的婚礼前一天的晚上我还在和特需生在一起重复练习如何上课！我快没有自信了！我觉得这一定和我带班方式有关系。那段时间我变得极其敏感，内心很自卑，也经常为自己的无力哭泣。从小到大都没有流过这么多的眼泪！我甚至怀疑自己是否适合当老师，但我知道，哭不能解决问题！急躁反而使自己更加情绪化。高主任鼓励我："娟儿，灯泡研究成功还经受了无数的失败呢！你没有失败，只是还没有成功，在管班上多下工夫！"但到三年级，我们班级有了大变化，百词赛连续两次得到了年级前八名。孩子们的状态也有了很大变化，看到孩子对荣誉的珍惜与迸发出的喜悦，我让每个孩子摸奖状，并告诉他们，奖状上有每一个孩子的汗水与努力，这一举动强化了他们的"努力与回报"的意识，干劲儿也特别足。第三次百词赛前，我班孩子上完美术课兴奋异常地回来了，他们做的是扎染，为了让他们静下来，我跟孩子们约定："我们今天先静心，把心往下沉，什么都不想，把注意力集中在呼吸上，静心后你的百词会做得更好！我们今天权且当一个实验！"于是我给孩子们听《走进绿意》，静心后我们进行竞赛。当天下午，学生一直追着我问成绩出来没有，一节课后，成绩出来了，几个孩子抢着帮我登分儿，最后一数，竟然有 27 人全对，37 人参加比赛 27 人全对，我自己都不信了！眼操前，我跟孩子们反馈了百词情况，孩子们激动了，"静心真好！"脱口而出！我顺势问道："那以后我们还进行静心吗？"学生说："要！""是你们需要还是我让你们要？""我们自己需要！"

因此，静心这个概念在我们班级有了相应的行为，中午的静心十分钟越来越好了，我的话也被音乐替代了。我也不再是孩子午休的干扰者了！

我的心路历程
——从疲于应付到淡定从容

孔泽明

我接触许老师和心智能力训练的研究已经将近五年时间了。回想这几年的心路历程，我感慨万千，从走近许老师，走进心智训练开始，我耳濡目染，心境不断改变。

一、带着困惑走进课题

接触心智训练之前，我做教师及班主任工作已经有 17 年了，这 17 年来我始终在以满腔的热情从事我所热爱的教育工作，在工作中勤勤恳恳，扎扎实实，取得了一些成绩，也积累了一些经验，自认为教育工作已得心应手。但自从 2005年接了一个一年级的班之后，我感到一种前所未有的压力。在带班和教学的过程中总感觉比带以前的班吃力。

班里有两名特殊儿童，一个是儿童 A，上课坐不住，几乎不听讲，抠手、玩东西、东张西望，有时竟能爬到其他同学的座位处，把人家的笔拿走，致使那位同学大声告状，老师停下课来维持秩序。他完成作业也很费力，耗时很长，一年级时，家长就反映写作业写到晚上 11 点多。A考试不能在规定时间内完成，学习成绩难以达标。到了三年级他学习更吃力了，筋疲力尽的家长，带他到相关机构做过测查，说他血铅高，注意力不良（多动症），同时还有阅读障碍。

另一个是儿童 B，一年级入学前就被医生诊断患有秽语抽动症，经常挤眉弄眼，不由自主地抽动肩膀和脖子，还会发出怪声。在上操、集会时，他的举动更显明显，经常受到批评，致使我们班也被点名。随着年龄的增长，到了三年级，他在理解和沟通方面显露出障碍；学业负担的加重，他的神经越来越容易紧张，紧张后行为表现就更为异常。那时，我经常像一个消防员，到处扑火、灭火。上午刚解决 B 把同学的铅笔盒丢到了楼下，下午他又往鱼缸里尿尿了。晚上周禹翔留下补课，补到 7 点多才回家，第二天他还只考了 70 多分，班里的平均分又被拉下来了。每天就这样疲于应付，更不能忍受的是那些背后的指指戳戳。我鼓励自己不能放弃，决不能让别人看自己的笑话。我以百倍的精力投入工作，又是进班死盯，又是课间谈心，又是课后补课，虽然有些效果，但却使人筋疲力尽，自我效能感丧失，心力交瘁，痛苦、急躁、不平衡的情绪越来越多。

庆幸的是，这时我遇到了许颜老师，她解决学生问题特别见效，我把困惑和她交流，她特别理解我，说这两个学生的情况比较特别，势必牵扯老师很多精力，我的感受很正常，并向我介绍了心智训练，而且愿意帮助我教育这两个孩子。抱着试试看的心态我走进了心智训练。

随着参与课题研究的深入，我越发觉得心智训练这个课题不仅仅对学生起了开发的作用，就我自身在思想上、能力上也有了突破的飞跃。渐渐地，我变得淡定从容，方法多了，效果多了，快乐也多了。

1. 看待个人得失——淡泊明志

在与许老师的接触中，我听到许老师说特需生是"好生源"，看到许老师处理学生问题时不急不躁。我发现这是因为她淡泊名利，她眼中看到的是事件本身，是学生本人。而我还是经常纠结于我做教师的成就感。我对学生A和B特别在意，是因为他们影响了我的成绩，我带的班一贯被老师和学校认可，比较稳定，学生成绩比较好，我也因此受到了好评。而他们的表现和成绩影响了我们班的整体状态和成绩，影响了我的业绩，影响了我评各种奖项。所以，我的反感情绪就特别大，不能客观地分析和解决问题。这种现象也发生在对其他学生身上，比如对好学生出现问题，我也总是会先想他们怎么能出这样的事情，而不能冷静地处理问题。

"无私者无畏"，从多次听许老师上课和与许老师交流中，我认识我有时候会担心这儿担心那儿，做事和说话畏首畏尾，还是因为有私心。放下这些才能使我的能量变大，才能发现事情的本源，才能面对误解、怀疑，才能义无反顾地坚持。

说起来容易做起来难。当事情出现时，我的第一反应还是以往自己的认识，但我会马上给自己一个提示，能不能换个角度想想，这个现象背后是什么，它有什么积极的意义。以前当我遇到一些教师荣誉没有得到时，我开始也有委屈，也有不理解，但我能很快平静下来，换个角度思考，很快地从这件事的阴影中走出来，以一种平和稳定的状态面对工作和生活。到现在，学生和班级状态越来越好，每周二的心智训练班又开了起来，我每天快快乐乐地上班，开开心心地回家。现在我真心感谢以往的经历，感谢遇到的每一位学生，是他们引发了我对自我的再认识和反思，感谢对我严格要求的人，使我看到我身上的弱点，促进我能力的增长。感谢他们使我放下了以前很多不舍得放下的东西，放下之后，心中反而有份释然的幸福感。我真正体会到了诸葛亮所说的"非淡泊无以明志"的哲理，感觉到我自己的目标更明确了，我更清晰地知道我想要的是什么。正所谓："舜发于畎亩之中，傅说举于版筑之中，胶鬲举于鱼盐之中，管夷吾举于士，孙叔敖举于海，百里奚举于市。故天将降大任于是人也，必先苦其心志，劳其筋骨，饿其体肤，空乏其身，行拂乱其所为，所以动心忍性，曾益其所不能。"

2. 看待教育工作——宁静致远

许老师开的第一个心智训练班有 20 多个学生，可以说集中的都是全校特需生。现在我还记得，这些孩子开始上第一节课，他们推着椅子跑，互相打闹，教室里简直乱成了一锅粥，许老师不急也不慌，平静得组织他们围成一圈坐好，带着他们做静心开始还有一半的孩子不跟着做，许老师没有理睬他们，而是对做得好的学生给予表扬，然后放上静心音乐，老师也闭着眼睛做，渐渐地孩子们都安静下来了，跟着一起闭眼了。

静心真有这么神奇吗？我也跟着做了起来，我虽然闭着眼睛努力使自己静下来，但很多事情从脑中跳出来，什么晨检表、试卷、成绩单、作业本像过电影一样。当许老师在点评一个学生的状态时说道："做事的时候想法要简单，如果什么都想得到，就静不下来，注意力就会转移，一会儿想干这个，一会儿想干那个，最后什么也没干好。"我觉得句句都说到我的心坎上。我也是一个好胜心强的人，事事都想做好，没有分清楚轻重缓急，眉毛胡子一起抓，什么工作来了就做什么工作，做着这件事，心里惦记着那件事，不能全神贯注地做一件事，结果手忙脚乱，劲儿没少花，效果却不好。

非宁静无以致远。不能平静安详、全神贯注地做事，就不能实现远大的目标。现在，我明确了我们教育的目标是促进学生的发展，并不只是完成某个任务或活动。我能根据学生的情况，有计划、有重点、有选择地完成任务。这时学生的学习成绩也不再是我关心的主要问题了。我开始关注不同学生的个别差异，不同发展水平的孩子在社会交往和情感方面的不同需求，他们根据学生的不同需要进行调整，选择适合学生的活动和教学方法。比如，我 2010 年接的一个三年级的班，是学校知名的问题班，因有一名女生及这名学生的家长与低年级老师发生冲突，整个班级处于无序的状态，学生和班级整体的发展水平明显低于同年级的平均水平。通过测试，许老师给的建议是从最基础的听的能力培养开始训练，重点训练如何听懂意思再做事。特别注意纠正女生的问题，引导其具有宽阔的心胸，减少并逐渐消灭斤斤计较的现象。我一方面请许老师来上心智训练课，另一方面我把讲课的速度放慢，加强听的训练和良好习惯的培养。因为这个班学生的能力和现状，我就有选择地参加活动，比如读书节活动我们班就选择一项活动参加。参加活动时也更注重过程的引领和体验，并不苛求成绩。这样看表面教育教学工作慢下来了，各种活动的成绩不好，但班级情况很快稳定下来。到了三年级学期末，这个班已经基本形成了集体凝聚力，学习成绩也有明显提升。逐步发展到现在六年级了，这个班和其他班级的发展水平已经没有明显差异了。有时还会有意外的收获，这学期的运动会我们班就获得了团体总分第二名的好成绩。

在进行心智能力训练后，我不再给学生过多的作业负担，不给学生规定成绩标准，反而在四年级第二学期、五年级第一学期数学考试时，平均分升到年级第5名。语文期末基本功测查全对人数名列前茅，平均分也进入了年级前5名。最令人感到惊喜的是五年级第一学期语文期末测试。那次期末测试题型新、难度大，年级的平均分还不到90分，我们班学生的平均分达到90.54分。这学期的运动会我们班还获得了团体总分第二名的好成绩。

我没想到一进入心智能力训练研究组，我就一发而不可收，直到今天还在坚持参与研究，因为我从中感受了自己的成长历程，认识了自己，也帮助了许多孩子健康成长，并得到许多家长的支持。

二、面对学生问题——得心应手

开始许老师也说过要感谢学生，我并不真正理解。但随着研究的深入，我感受到，我们真的应该感谢学生，是他们带给我们思考，带给我们启发，带给我们经验，带给我们成长。每一个学生都是不同的，即使是所谓的问题学生不是也使我们看到了不一样的风景、丰富了我们的经验吗？从另外一个角度来看，学生出现问题，不正是我们了解学生内心的变化，教育学生，促进其发展的契机吗？

教师的想法变了，处理问题的方法就有了，方式也就变了。原来学生出现问题，我只看到问题的表面，头疼医头，脚疼医脚。参加心智训练以来，我慢慢地走进学生的内心深处，发现学生的想法与我们的想法不同。我们想当然教给学生的东西根本不是学生想要的，所以没有效果。只要真正了解学生内心真实的需要，就能因材施教，找到有效的方法。

比如，我认识到特需生一定是有特殊的心理需求，才会造成行为上的特需。例如前面提到的学生B，三年级时曾发生过要拿椅子、铁锹打人，往鱼缸里小便的极端行为。这时，家长也感到问题的严重性，带其到北医六院检查，经专家会诊，他患有"艾斯伯格症"，成人之后很难正常生活，要定期做心理治疗。有些老师得知后对我说：这回你可以轻松了。可是我想可能他不影响我的成绩了，但是这时候的孩子和家长是最需要帮助的，我是他的老师，我不能把他往外推。我带他一起参加了许老师的训练班；与他多沟通了解他的内心需求，对症下药；并经常与家长沟通取得家长配合。通过一个学期的培训，孩子变化明显，家长也很欣慰。四年级第二学期，孩子感觉参加训练班很累，许老师和我分析原因是他和同期参加训练的同学很难沟通，决定给他单独辅导。并与家长商量配合每天做静心训练。经过一学期的努力，他与同学的关系得到改善，情绪比较稳定，期末语、数、英三科均取得优的成绩。虽偶有一些异常行为，但属于"秽语抽动症"的正常表现，再没有出现没有以前那种极端行为。

我们时常发现一些学生并不差，但是他们也会出现思维游离于课堂之外的现象。我们班的学生 C 在上个学期开学时就出现了这些现象，学习心不在焉，心浮气躁，贪玩；在学校还经常和同学发生矛盾，学习成绩直线下降。通过观察我们发现他是能力问题，升入高一年级，他的学习遇到了一些挫折，内心想好但做不好，心里就着急，越着急就越做不好，又不知如何解决，就出现了上面的现象。我们就借助专项训练提升他的观察能力、记忆能力，帮助他制订学习计划，使他学会自我排除干扰。通过一个学期的训练，他的进步非常明显，家长欣喜若狂。家长在来信中写道："我家孩子上个学期开学是小学入学以来最低谷的一段时间。班主任孔老师和心理老师一起做专业的辅导，没多久孩子就有了翻天覆地的变化。沉得住气了，稳得住神了，伏得下身了，就像变了一个人。而且学会了静心，学会了自己给自己订计划。孩子经过自己的努力，付出汗水获得成功后，老师的表扬，同学的认可其实都是孩子的心理和精神的需要。孩子也自然而然地体会到学习带给他的快乐。这个阶段孩子对待学习就是不用实行奖励也自觉自愿去做了。他就越发学得主动了，学得用心了，学得自觉了。"

有时优秀学生也会出问题，原来我就会很紧张，现在我认识到这很正常，有时优秀学生面临的压力更大，更需要老师的帮助。比如 2005 级 5 班的一个女孩 D，有段时间她忽然有点魂不守舍，上课走神，有时答不出问题来，也挨了不少批评，但并没有改善。我们并没有一味地指责她，而是借助她画的脑内图像与她交流，得知她想参加学校电视台小主持人的竞选，但是没有信心，心里不踏实，上课就不能集中注意了，作业成绩下降，让她更不安了。得知她的心愿后，我们帮助她进行心理调节并教给她参赛方法。她带着自信参加了竞选并脱颖而出，如愿以偿了。这以后，她的人生目标更明确了，工作和学习热情越来越高。

由于能看清学生行为背后的内心需求，处理突发事件时我也能从容解决。有一次进行集体跳绳比赛，我们班的一个男孩子发挥反常，总出错，致使全班连不上，另一个孩子就指责他，于是两个孩子互相扭打起来，年级主任已点名，他们还不能放手。要是在过去，我一定冲过去大发雷霆，狠批一顿。但是现在我不会那么做，我走过去只说了一句话："我知道你们都想为集体好。"两个孩子听了都放开手，哭了起来。一场危机化解了。他们很快地冷静下来，我再引导他们分析问题的所在，思考他们的行为的对错，两个孩子都能平静地接受了。

回想几年来参加心智训练课题的研究活动，我发现这是一个助人自助的过程，是一个提高心境的过程，最重要的是改变自己。上周我们班的代宇辰同学在班里交流了一份墓志铭，是在英国维斯敏特教堂里的一座墓志铭。据说，当失意的曼德拉看到这则墓志铭时，如梦初醒。

当我年轻的时候，我的想象力从没有受过限制，我梦想改变这个世界。

当我成熟以后，我发现我不能够改变这个世界，我将目光缩短了些，决定只改变我的国家。

当我进入暮年以后，我发现我不能够改变我的国家，我的最后愿望仅仅是改变我的家庭。但是，这也不可能。

当我现在躺在床上，行将就木时，我突然意识到：

如果一开始我仅仅去改变我自己，然后作为一个榜样，我可能改变我的家庭；在家人的帮助和鼓励下，我可能为国家做一些事情。

然而谁知道呢？我甚至可能改变这个世界。

我相信：美好生活从改变自己开始！

浅谈参与心智模式训练的启示

杨 蕊

2015 年 9 月，我有幸重新回归"许颜工作室"，走进心智模式训练，开始听课学习，从中汲取营养。所谓心智模式就是一种植根于内心深处的认识方法和认知习惯，具有思维定式的特征，而它也在影响着我们的行为。

记得一次集体会上，华应龙校长曾介绍过一本书——《中国人的思维批判》，书中在第七章谈到："改造中国人传统的思维模式是我国教育的头等大事。我们的僵化教育，从学前儿童就开始了，几岁的孩子，正是活泼好动的时期，这个时期也是儿童探索未知世界、拓展自己的智力空间的黄金时期。但却被我们的家长们逼着去学这个年龄段不该去学的东西，这样活生生地扼杀了孩子们拓展智力空间的能力。我们的一些所谓的儿童教育家，制定了一整套的扼杀孩子天性的教育方法，把儿童未来的潜力和智力从小就扼杀在摇篮里。"对于这段话，我也深有感触，帮助学生建造良性的心智模式，对于在路上的他们尤为重要，我开始新的尝试。

一、真心参与心智模式训练，从静心开始

1. 一次视频交流，让我决定一切从静心开始

眼见为实，回归课题组的第一次与许老师视频交流，让我对静心训练产生浓

厚的兴趣，一系列的亲身经历，让我相信静心对一个人状态的调整的调适作用。

（1）亲身参与静心训练，从身体上的改变，感受它的作用。"头摆正，脖伸直，身坐直，肩放松，两脚平放地面；舌头顶在上牙齿后，闭上双眼；努力听到自己均匀的呼吸声；同时关闭自己的耳朵。"经过这样三次的实践，我渐渐做到松、静、净，自然地将全身机体放松，做到宁静思想、聚精会神，呼吸也随之细绵慢长，劳累感大为减少，心态开始逐渐平和。感受到静心的变化后，我对"静心姿态"的要求产生了思考，在学习相关资料的过程中，我逐渐明白其中隐含的科学道理和训练目的。就是通过这些姿态搭建参照凭借，帮助自己了解是否达到静心现状，从而逐渐使身心放松，能量耗费降低，促使脑部所获得较高的能量，帮助大脑活动顺畅。体会到这一切，我也悟出静心训练是整个心智模式训练的前提，必须从它开始。

（2）亲自验证"只有老师静下来，学生才能静下来"这个道理。从这天起，我每天进班前进行前会按照许老师教授的方法做静心训练。坚持了一个星期，奇怪的是：这一周，班里的学生按部就班地做着自己的事情，没有什么问题出现，学习状况和校园生活比较稳定，我的心情也非常舒畅。

我根据这一周的情况，再回顾以往的情况，在对比中我发现：当老师紧张时，焦虑的心情影响学生，学生情绪的稳定性、安全感被破坏，个体呈现出浮躁或躁动的现象，自然易出这样那样的问题；反之，老师心越静，学生心亦静，学生及班级的稳定性越强。自身的体会让我确认了静心训练的作用。

（3）亲自关注一个学生的变化，加速我走进静心训练的殿堂。两次亲自实践让我感受到静心的作用。而班里一个小姑娘的变化，让我更加信赖静心的功效。我先姑且称这个小姑娘为小 y。她身上有一股公主特质，脾气不太好，易怒，当自己不如意的时候，眼神凶狠；当不受校园约束时，会大打出手。我尝试用静心训练的方式帮助小 y 改善情绪。每天晨检过后，全班进行静心训练，重点关注小 y 的状态，了解静心后的感受，鼓励她沉稳踏实做事，同时与家长形成合力，每天晚上在家进行静心训练。没想到几周下来，小 y 的家长惊喜地告诉我：小 y 开始控制自己的情绪。如：当她生气时，会坐下来，做几个深呼吸，自我调整；或是找个没人的地方发泄一下坏情绪，再以调整好的状态面对大家。小 y 的变化，让我认同静心训练是可以完成调气、调身、调心的。正所谓："知止而后有定，定而后能静，静而后能安，安而后能虑，虑而后能得。"

三次亲自参与，验证了静心训练的价值，也成为我愿意加入"心智模式"训练课题组的原因，我想尝试从"静心开始"寻找更加接近本原的教育之路。

2. 一学期学习回顾，让我真心走进心智模式训练

聆听心智模式训练课和参与每周六上午的网上连线交流，在一学期的回顾中，我意识到自己的思想在不断地发生变化，经受着洗礼，也看到了心智模式训练的系统性、科学性和可操作性。

下表罗列了我的学习心得：

时段	我的认识	我的学习	我的做法
起初听了2、3次课	我看不太懂，唯一明白的是静心训练是整个训练的开始	通过查阅资料，我知道静心的人精神一松弛，大脑随之清醒而放松，注意力呈聚焦状，容易集中精神，不易受外界其他事物干扰，大脑不易疲劳，心理状态则是安静、轻松、愉快、专注	在听课的同时，对班内学生进行静心训练
而后的4、5次课	我明白所谓的静心训练，就是为了帮助学生调整注意力，在身心放松的过程中，将注意力凝聚于脑部，促使学生进入心明眼亮的状态	通过观察五7班和五9班的学生，我看到当人进入到静心的状态后，人的身体虽然放松，但意识清醒，由于在这种状态下，身心能量耗费最少，相对地脑部所获得的能量较高，脑的活动就会顺畅，人会变得直觉敏锐和易有灵感	开始将一些训练的方式方法移植到我的教育教学中
接着的8、9次课	我开始意识到，静心训练对于现在承受多种压力的学生是非常有益处的。它可以将学生带入到一个优化的思维状态，促使思维更加清晰、敏捷	根据五9班学生的明显变化，我更加认可静心训练。因为它可以帮助学生建立人们学习与思考的最佳状态。这种潜能的开发与拥有，帮助提高人的基础思维模式，使其所从事的活动变得省时高效	看到本班学生的点点变化，便积极肯求许颜老师为本班学生上训练课

从开始的不太明白到认同心智模式训练，再到自愿投入满腔热情的变化过程，我开始真心参与心智模式训练。通过自己的点滴发现，首先改变自己的思维模式，并将自己的教育教学工作不断走向科学化、系统化，帮助学生摆脱学习的超负荷压力，引导学生节约出时间享受童年的幸福生活，既学了又玩了。

二、用心参与心智模式训练，从实践开始

心智模式训练课也是系统性的，涉及注意力、观察力、记忆力、联想力、创造力几个领域。而这几个领域的开发是在引导学生形成人生重要的基础能力。

我之所以坚持听五（9）班的思维训练课，因为是新授班，可以从头到尾地了解思维训练的效能。而听五（7）班的课，则是为了对比。无论怎样的初衷，我每节课都在收获着。更重要的是，我想帮助学生减轻课业负担，而童年的记忆不只是学习这一方面。

起初，通过五（9）班学生数学学习状态的变化，我真的看到心智模式训练对于学生学习成绩的影响，对于学生学习的自信心的累加。如何集中注意力、如

何清晰观察、如何合理思维、如何选择方法，当这一切都成为固有的习惯后，所节约出来的时间可能是学习所用时间的几倍。这样的时间配比大大缩短了学习的时间。看出这些眉目后，我抑制不住想像许老师那样，训练自己班的学生。我开始提炼每次听课中让我最有启发的地方，换上我的内容，进行实践。

1. 拿来主义+照猫画虎，实践出真知

听课和交流中，那一个个生动而鲜活的例子，让我心潮澎湃。我也开始借助拿来主义思想，开始照猫画虎。

我班有个小姑娘小 z，她对记忆汉字有一定困难。横竖撇捺、音同形近把她搞得晕头转向，写十个会有七个错。随着时间的推移，她越来越抵触汉字，语文学习成绩自然不理想，挫败感让这个小姑娘变得敏感多疑。平常额外的补习，如数笔顺、编儿歌、借助形旁声旁，效果不佳，依然是今天记住明天就忘。自从听了 7 班记忆力的训练，我才意识到，有可能是第一次识记没有在大脑里形成清晰准确的表象，进而在运用过程中，从大脑中提取的便是开始的那个模糊表象，自然会有偏差。想到这，我开始学着许老师的样子，对她进行个别辅导。首先不着急写，以看清看准为主。识记的速度放慢，心静下来，观察真切。再通过语言外化观察过程。我发现她说得很完整细致。隔几分钟后写一写，完全记下这个字。这个现象让我兴奋不已！接下来，我给她布置任务，用同样的方法慢慢识记 4 个字，第二天早上来了就写在黑板上，她写对了 3 个，错了 1 个，正确率提升到 75%。这种变化，让她看到自己记字是没有问题的，反而愿意识记汉字，兴趣倍增。

一次拿来的使用，让我看到学生学习困难的真相是因为内心深处的认识方法和认知习惯出现了问题。真是实践出真知！这时，我才真正意识到有时看到的现象并非真相。这也证明我从前的一些判断存在误差，需要拨乱反正。

2. 坚持反思+转变认识，改善思维模式

通过心智模式训练的学习、交流及研讨，我越发感觉到它在改变我的一些认识。更让我意识到它对改善学生学习状况的作用。

开发学生的潜能不是以学生的学习成绩来衡量的，而是根据学生学习的状态来定的。能轻轻松松地学习才叫好。

我开始通过自己认识的转变来改变学生的认识与行为。

（1）帮助学生认识"省时高效的学习"，证明自身的学习能力。一次周六的交流中，我了解到小学阶段过于用功的孩子，将来的后劲会不足，因为学习模式过于死板单一，对于学生未来没有好处。这让我马上想到我班学生，他们大部分学生比较乖，又肯学习，有的学生为了取得好成绩，十分刻苦，认真得不得了，结果耗费大量精力，没有享受童年的时间。我知道看似很好的现有状况需要进行调整，于是在班中积极倡导"轻轻松松学习，省时高效，还有时间享受童年，做自己想做的事情，这才叫你有能力。耗时间，点灯熬油不能说明你的实力"。

班中有一个特别喜欢玩的小男孩小 s，他课上玩、课下玩，回家还是玩。既然玩是他的兴趣点，我就让他玩。我和他谈判：做到上课认真听讲，抓紧时间写作业、改错题，节省出来的时间就可以玩，他同意了。约定的第一天，他就试探我，我在他做到约定后兑现承诺，他一看是真的，便开始继续。有一天，他懒了，课上玩，不抓紧时间写作业。因为没有履行约定所以他没玩成，他急了，问为什么，我回答是因为没有做到约定，并追问做到约定和没做到哪种感觉好？他聪明地说还是有时间玩的好。日后，他课上认真学习，抓紧时间写作业，课下痛快地玩。其他学生看到小 s 的变化，也意识到省时高效地做事可以让自己变得更自由、更快乐！

自此，班里的学生在精神上似乎得以释放，他们越来越关注自己的思维方式和学习方法，他们越来越体会到省时高效学习的妙处。

（2）通过心智模式训练，帮助学生找到有效的认识方法，逐渐形成认知习惯。听了 7 班记忆力训练课，我受到启发。于是我开始引导学生通过发挥右脑的视觉记忆功能，减轻学生左脑的负担。因为许老师曾提到过：科学研究证明只要看见过的东西，都会在大脑皮层留下表象，是不会忘记的。低段语文教学的基础是字词教学，需要记忆大量的字和词，通过视觉记忆，也可以达到事半功倍的效果。这个想法的萌发，我开始尝试改变学生识记字词的方法，在写练之前，通过视觉，将这些词语像拍照片一样印在大脑里。因为许老师说过，每次识字或复习听写时，都会要求学生使用视觉记忆的方法，把要记的内容看清楚，然后闭上双眼，慢慢复现，直到能看到为止。虽然花了些时间，但是记忆的表象十分清晰，对日后的提取使用都有一定帮助。通过随机的三次连续实验，收集的数据，师生双方看到这种方法的效果，更加体会到科学的方法的重要。

通过这一系列的学习、实践与验证，我非常真实地感受着我的改变正在改变着我的学生。这也让我更加用心参与心智模式训练。

三、细心参与心智模式训练，从分析开始

语文期末试卷中暴露了一些问题，我汇总后，请教许老师帮助从心智模式的科学角度找找原因。许老师发现，我班学生普遍存在观察力不强的问题。今年 4 月，我班非常幸运地开始进行心智模式训练课。因为观察力不强，所以会漏掉细节，精准性不稳定，易出偏颇。为了改变制约学生的短板，我通过翻看每次训练课的录像，根据数据，分析学生的表现，确定干预措施。

1. 数据统计，帮助我了解学生的真实情况

4月11日的第一次训练课是根据学生目前的观察力状况进行的干预性训练，此次训练重点确定为学生对字词的观察记忆。

训练后的当天中午，语文试卷改错时一次改对的学生在28人以上，改了两次的只有几人，还有几人没有在规定的时间改完。这个数据让我们（师生）看到训练的效果和价值——惜时高效。学生纷纷表示愿意经常参加这样的训练。

同时，我也对学生训练课中当堂作业情况进行分析。

（1）观察记忆训练内容：

道理、养护、典故、答题、摸底、责备、批评、除草

观察—回忆—书写，反馈观察记忆效果。

（2）要求：静心看，把它印在大脑里，再进行复现，最后书写。

（3）统计学生观察记忆后的书写情况，汇总为下表：

学生情况	人数/人	学号
完全按顺序，无错字	11	40、10、11、9、34、4、15、12、31、7、26（最后经过单独指导的小女孩）
完全按顺序，调整修改1次	1	33
完全按顺序，有1个错字	1	44（典故写成典胡）
没有按顺序，但正确书写8个词	11	22、35、21、42、5、27、38、32、18、23（放弃的小女孩）、1（最后经过单独指导的男孩）
没有按顺序，调整修改1处，但正确书写8个词	3	8、19、24
没有按顺序，但错1个字	3	17（责备写成贯备）2（责备的责多了一撇一捺）13（批评写成评批）
没有按顺序，但错2个字	1	25（道理写成道里；批评的批写成言字旁）
没有按顺序，调整修改1处，但有1个错字	2	30（底加撇）37（责备写成责贝）
没有按顺序，调整修改1处，但有3个错字	1	6（典故写成典胡；摸底写成摸地；批评的批写成言字旁）
没有按顺序，调整修改2处，但正确书写8个词	1	36（入学不满6岁）
没有按顺序，调整修改3处，但正确书写8个词	1	16
完全按顺序，错1个词	5	41（责备写成责任）29（典故写成害怕）28（典故写成问题）43（摸底写成责任）3（除草的除写成提手旁）
没有按顺序，但错三个词，1个错字	1	39（缺少道理、答题、摸底，写成问题、害虫、看护，其中看少一横）

（1）倾听训练内容：用纸格式。

（2）要求：白面冲上，竖着用，姓名学号写在右下角。

（3）根据下表用纸格式反馈倾听状况：

学生情况	人数	学号
完全按要求做	22人	43、11、9、34、4、15、26、7、31、12、44、2、41、6、17、30、8、18、23、42、21、35
开始没有按要求，后来调整的	1人	3
姓名学号写在左下角	2人	10、36
只在右下角写姓名的	7人	39、40、13、16、19、1、22
姓名、学号写在最上面	2人	28、29
横向用纸	4人	33、37、24、32
横向用纸，只在右下角写姓名	3人	38、27、5
只用对方向，但没写姓名学号	1人	25

这些数据真实地再现了每位学生的学习现状，可以展示出他们的问题所在，以及我在平时的教学中需要关注他们什么，为我有效地帮助他们提供了资料。

以上表为例：

对于上表所反映的倾听信息，因为呈现的状态非常自然，我没有刻意强调要求，因此数据是真实有效的，可以说明问题。倾听出现问题的学生成为需要我关注并进行干预训练的对象。我采取了如下措施：要求只说一遍，听后在心里复述，每一个字都说到，再由这部分学生按要求进行讲解，班级中已经建立良好倾听习惯的学生则负责判断，通过优势互补的方式改善全班学生的倾听状态。而这种措施的缘起，则依赖于训练后现象与数据的整理分析。

其实，无论班级的整体变化，还是学生个人的成长，记录的分析数字都是第一手的信息，更好地帮助老师科学地了解学生，搭建帮助、改善的有效平台。

2. 通过数据，帮助学生了解自己的学习效率

学生开始进行视觉记忆训练。每次听写前，我都让学生静心，用视觉记忆法在大脑皮层中呈现清晰的汉字表象，并将看得的词语像拍照片一样储存起来，用时进行复现。下表是我收集的一组对比数据：

项目	视觉记忆训练前			视觉记忆训练中		
课号	4-2	4-3	5-1	5-2	6-1	6-2
错误人数/人	24	14	20	2	7	8

其实，很多学生在我公布这组对比数字前，已经通过自己听写本全对的星数发现了视觉记忆的好处，同时了解了自己在听写这一项的发展。很多学生开始自觉地训练自己，做到静下心来看（脑子里什么都不想），闭目复现（眼前出现）。这样的横向数据的提取可以帮助学生正确了解自己，从而自动自发地训练自己、调整自己、完善自己。

通过每天的语文作业我不难看出，学生很注意第一次的清晰记忆，静心完成自己的作业，不让大脑留下不清晰或错误的表象。他们每天都在累加一个人成长中需要的基本能力。

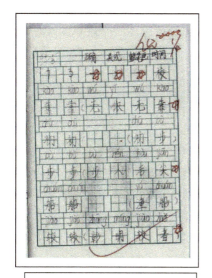

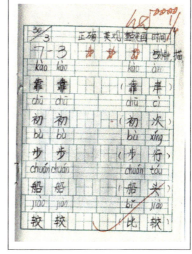

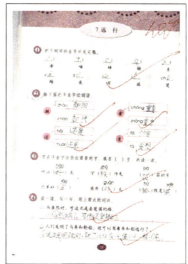

小学阶段，学生是正在路上的人。而形成人生应该具备的基本能力是很重要的。在其做任何一件事的过程中，很多东西要比学习成绩重要得多，如灵活性、意志力、团队意识、良好心态……无论一个人怎样发展，都离不开一些基本能力，如观察力、注意力、联想力、创造力等。

参与心智模式训练后我得到很多启示。通过实践我也看到它对优化学生做事效率和学习质量产生的巨大作用。准确地说，"许颜工作室"的心智模式训练正是致力于对孩子心智模式进行建构与训练的研究，帮助学生走出学习的误区，掌握正确科学的方法。在学习、参与过程中，它让我产生了许多深思，改变了一些固有的认识，展开了一些小小的实践。我从另一个角度审视自己的教育教学工作，因为我认为它是有价值的，便全身心地走在这条路上。同时也改变了我的许多行为，让我少了几分操之过急，更好地为正在路上的孩子们服务。

专注的魅力

韩莉芝

俄罗斯教育家乌申斯基曾精辟地指出，注意是心灵的天窗，只有打开这扇天窗，才能让智慧的阳光洒满心田。注意在心理学中的界定是，心理活动对一定对象的指向与集中。也就是说，当人们的心理活动有选择地指向一个对象，而不理会其余对象时，这就是注意。注意力水平的高低直接影响人的智力发展和对知识的吸收，因此，对于小学生而言，培养注意力尤为重要。

许老师的心智能力训练课给学生提供了训练注意力的机会。课堂上，在许老师引导下，学生有条不紊地接受注意力的训练，实践证明这取得了很好的效果。这学期，我们的心智能力训练课的内容又进入到一个更高层次，课上不再做注意力的训练了，那么，学生的注意力是在保持训练后的状态还是在自身的努力下有所提升呢？恰巧，心理课教材上有这样的测试。

测试规则：

1）下图中每组数字中都有一些两两相邻、相加等于10的数字，在这样的数字下方画上横线。例如：564367822691。

2）每正确选择一对数字，得1分。下面共有150对数字符合要求，满分为150分。

```
A. 79148756396478891223567898765437          B. 21765434928765431421521621728194
C. 12845678192345671521631746135124          D. 33647382914567349129123198265190
E. 51928774675370988028382032465934          F. 20563770895749745505533554665505
G. 64328976738209382457864018258640          H. 76554744466688831345178313141561
I. 38232112312354378239237236324376          J. 98798787628676570198684743289619
K. 19837826455910884234568345679467          L. 24682648369118194455566667777738
M. 83659172735943767766554433221199          N. 91827364558187329108207456789234
O. 27348556472378026775675675645766          P. 63868918764382928765645435432215
Q. 97543354682256468574635296645342          R. 40439347368247463647586972873283
S. 50161984632874628487659071151682          T. 83654289664036286754698457342891
U. 48654876983437896474676476473468          V. 89573869010285738232811716156482
W. 64286497628018365283677889911221          X. 48295163837846758663377448855599
Y. 24628746389619848328455916437921          Z. 87512328587212358754213578128385
```

评判标准：

（1）得分 138~150，注意力非常强，学习效率非常高。

（2）得分 116~137，注意力比较强，学习效率比较高。

（3）得分 102~115，注意力一般，学习效率不高，需要提高注意力。

（4）得分 101 以下，注意力比较差，学习效率低，注意力不集中，非常需要提高注意力。

你的注意力水平测试得分：_____。

看到这一结果时你的想法_____。

这道测试题要求学生在十分钟内把 26 组数字中两两相邻、相加等于 10 的数字找出来，选择一对数字得 1 分，满分为 150 分。看到这题既简单又能让学生静下心来集中注意力做一件事，我便把它拿来作为对学生注意力水平的检测。这门课我们是利用每天晨检的十分钟来学习的，这道检测题需要十分钟的时间来完成，所以第一天我只是让学生看明白题意，并交流便于自己统计的方法，如有的同学说用颜色鲜艳的水彩笔看得清楚，好统计结果。第二天才正式测试，因绝大部分同学没有找全，所以第三天又给了 10 分钟把没找到的数字找全。最终测试完成情况如下：

参加测试的共 37 人，第一次得分 138~150 的 32 人，其中 2 人满分，得分 116~137 的 5 人。

第二次全部达到 138~150 分的标准，其中又有 19 人满分。

在填写"看到这一结果时你的想法"时，同学们都对自己的注意力给予肯定，同时指出还需继续努力和提高。

做完题后我让学生分别从以下两方面简要总结：①你为什么会取得这样的成绩？有趣的是有 27 人把成绩的取得归功于许老师课上的注意力训练和静心训练；另外 10 人分别从做题的方法、做题时专心等角度来谈的。②注意力提高了对你有什么好处？令人吃惊的是所有同学的观点都与学习有关，有的同学写道："我觉得注意力的提高对我的好处有很多，比如说，在课上听讲，可以让我更能发现老师讲课的重点，还有，在考试的时候，可以让我在审题方面更认真，更不会漏题，而且更能发现考题中的陷阱。在各方面都能凸现出有很高的注意力的好处，我觉得注意力对我们是十分重要的。"有的同学写道："可以节约时间，提高学习效率，在有效的时间内多干事，学习会更加轻松。"

在总结这次测试活动时，我告诉学生，做事专注就能把事情做好。反过来，平时在认真做好每件事的同时也是在训练注意力。

这次有趣的注意力测试，让我也有所感悟：在许老师给同学们做这项训练之前，每个学生的注意力本身就是有差异的。当时我们向许老师申请开这门课程是因为发现这个班的学生注意力不集中，教师讲课的效果总是不令人满意，提示过很多遍的事情学生也理解不到位，而且有一部分学生记不住。训练以前本班学生的考试成绩在全年级当中属于倒数，学生在课堂教学过程中的紧张感和从众心理严重，这些现象从平时的听讲、作业和考试等方面可以看出来。

经过一年的训练，每个学生的注意力在原有基础上都有了不同程度的提升，从平时的听讲、作业和考试等方面可以看出来，虽然学生能力的差异仍然存在，但是每个人都在训练的过程中找寻到适合自己的方法，学习的自信心随之增强，从原来惧怕学习转变为愿意参与学习了，可以说把学习当成了自己成长的需要和乐趣。

注意力确实是一种能力的体现，一旦这个能力形成了，不管是否再做特殊的训练，学生也能在做事中加以运用，并能取得意想不到的效果。我想，这便是专注的魅力。

我陪孩子们一起成长

王　红

心智潜能开发是开启学生心灵的钥匙，心智潜能开发重新塑造了学生。因为和许颜老师搭班，所以我便自然地在日常工作中与许老师一起尝试将实验与学科教学进行整合。在这里我学到了什么是心智素质，对待不同的孩子要用不同的心理指导和心理调节方法。

为了迎接北京市数学测查，全组数学老师加大了复习力度，分单元、分类型，基础题、能力题一股脑地拿了出来让学生练习。但我们发现，一段时间后学生们出现了疲惫情绪，学习好的学生觉得老师讲的基础知识简单，学习弱的学生基础知识能将就跟上，但稍微绕弯的题目怎么也听不懂。和学生沟通后我发现：数学基础知识薄弱的学生对数学产生了畏惧心理，越怕学不好，就越听不进去，越怕作业错得多，写得就越慢，不会的也就多起来。一而再再而三，使这部分学生对数学产生了既想学好又怕失败的心理。

这种情况该如何面对呢？我与许颜老师商量探讨，我们借助表象训练技术分析两个班学生在数学思维方面的特点，决定在不影响其他课程的情况下，根据学生的思维状况，按存在的问题与不同的复习内容将学生重新分班，进行为期两周的教学实验。

什么是表象技术呢？查阅资料发现，是指人们在头脑中对过去完成的正确技术动作的回忆与再现、唤起临场感觉的训练方法。通过多次动作表象，提高人们的表象再现及表象记忆能力；可以使人们的注意力集中于正确的技术要求，有利于提高心理稳定性，从而促进技术的掌握。

通过表象练习，能够掌握表象技巧，控制表象能力，使头脑中呈现图像更加清晰生动。通过表象练习，可以有效地促进学生的学习积极性，激发学习兴趣，降低焦虑，掌握自身头脑中不良的稳定情绪。通过表象训练，在教学中，学习者可以有效提高学生成绩，巩固和加强技能水平，改善技能学习效率，稳定自身技能水平。

这段时间我们帮助学生进行基本概念的强化培训。我负责上数学基础内容讲解课，许老师负责心态调节，并从心理角度帮助孩子领悟概念。这样，不同的孩子都会有机会得到有针对性的指导。实践证明：这个过程让我感到学生的心理问题制约着他们对知识的领悟能力。当他们的内心感受趋于相同或相近时，对知识的接受就会是主动的。虽然知识难度没有改变，但由于方法恰当，孩子们就会从内心接受。这样不仅可以消除学生对数学学习的惧怕感，而且帮助他们以放松的状态面对数学问题。这一周孩子们上得很快乐，一周后的测试成绩令我们更高兴：两个班的成绩均有所提高，而且有 4 个原来数学基础较弱的孩子竟然得到了基础测查的满分成绩，另几个孩子也都得了 90 多分。

接下来，我们就要对学生进行数学思维的训练，这对我们两个班中极少有上数学课外班的孩子来说很有难度。根据木桶原理，我们深刻地懂得：整体的提高关键在于最短的那块木板。于是我们在整体提高的同时将重点放在了几个学困生身上。借助表象技术，我们摸清了这几个孩子的思维方式，对他们进行思维游戏训练。在训练过程中，我们并不增加这些孩子的训练题量，也不进行特别的数学知识补课，而是帮助其改变原有的数学思维模式，教会他们思考问题的新方法。这样又经过一周多的时间，我们发现这几个孩子的成绩真的提高了一大块，其中一个孩子能力测查由原来的50多分上升到96分，一个由原来的30多分提高到81分。这个结果不仅使我们和孩子高兴，就连家长也兴奋不已。

一个团队的胜利说到底是人的胜利；一个班级的成功说到底是人的成功。进步就是成功。在接受抽测的过程中，我学会了如何及时从心理上调整全班同学对待多次考试成绩的态度，现在我和孩子都懂得：遇事不要害怕，不要沉沦在那一点点差距上，要了解自己，对自己进行心理激励，针对自己的情况更加奋发，更加努力。

这项课题实验不仅可以从学生的心理、智力、思想、行为等不同角度开发他们的潜能，而且还对我有很大的改变和启发。原来的我只知道一味地让学生做题，讲解，讲完后如果还有学生出现问题，我就着急了，再练再讲，弄得学生和我都很疲惫，可以说是心力交瘁。通过课题实验，我发现生活中每件事情都能涉及同学们的发展，关系到学生是否能健康、快乐地成长，只有真正地了解学生，走进学生，对学生作出正规科学的判断，真正做到根据学生设计教学，对待不同的孩子要用到不同的心理指导和心理调节方法，才是真正地陪孩子一起成长。

在课题研究中，在与许颜老师的配合下，我发现学生从心理到智力，从外表到内心，从行为到思想上得到一次又一次飞跃，这是我的最大收获与快乐！

附录4　心智能力训练课部分学生心境创作作品

一位六年级的男生个性极强。他的父母都是高级知识分子，对他期望值较高，总是看到孩子的不足，不能及时肯定孩子的点滴优点。因此，这个本质好强的孩子产生了强烈的自卑心理和抵触情绪，经常以抵抗情绪与家长对峙，也因此常常挨打。因此，在他的内心中寻找最有效的抵抗方法成为他最为有兴趣的事情。所以，他经常出现走神儿的现象，学业成绩也是每况愈下。

最初我们经常在这个男生写的内心记录中看到，他描述的不是浑身是血的尸体，就是自相残杀的场面，看得人胆战心惊。但经过一年的静心练习和心理调节，我们惊奇地发现，他的思想境界越来越高了，并开始为自己树立目标，产生了学习动力。下面是他在小学毕业前写下的记录，从中可以感受他的变化：

我眼前出现一匹马飞奔而来，蹄声很响。厚厚的云在苍天飘荡，又看到刘洋（班上一名各方面优秀的男生），拿着金色的卷子，当上了状元，我也盼着这样。

之后，他自己根据他上述的表象内容自己配诗一首。

寻金榜题名

万马归回寻春时，
瑷糠连绵追落日，
金童高捧丰收卷，
吾欲化风成状元。

其他的作品集结于此。

海 之 星

吴宇伦

夜晚，海边，浪花一层一层的腾起，落下。而在天上，星星随着浪的律动，闪着。宽广的海与天上的星星虽然远，却对应着。时间，慢慢流逝，转眼，已沧海桑田。本来成双的星，只剩自己一个，不由得为海落泪。

但，星仍闪耀着，不要过多的为逝去的东西悲伤。

刘　珅

不知不觉地，我又置身于伦敦，朦胧的雾盖在天空上，时不时就感觉要下雨，但有一种温暖的感觉。我轻轻走上 London Bridge，似乎像漂在了上面，在寻找那一年前我的足迹。下雨了，一股冷气朝我吹来，雨点打在地上卷起一个个小酒窝。好舒服！这种舒服是一种让人怀念的舒服。

黑白灰

王美涵

黑，一片漆黑……
当星星在夜色的笼罩下，泛着微光，
好幽静…….
白，一片空白……
当蕾丝般纯白的梦，变得不再遥远，
好轻松……
灰，一片灰暗……
当心情突变，仿佛遭到倾盆大雨的袭击，
有失落又好清醒…

草原

曲永源

茫茫的草原，让我感到很宽敞，
我走在那碧绿的草原上。
忽然吹来一阵凉爽的风，
让我有了一种清新的感觉。
绵羊把头低下去吃草，
恰似那晶莹的珍珠，
嵌在者一望无际的绿毯上。
细细的河流上面泛着金光，
好像欢迎着我。

太阳从东方升起了，
看着那闪闪烁烁的日光，
迎接着美好的晨曦，
新的一天开始了……

夏日·蝉·萤火虫

罗　晴

雾浓浓，
月朦胧，
小路弯弯无尽头。
星芒芒，
灯煌煌，
路旁杂草丛丛生。
夏夜静悄悄，
万籁生灵皆寂。
"吱吱——"
只有那不知疲倦的蝉，仍在鸣。
夏夜黑如墨，
独灯如点晕。
远处繁星点点，
忽明又忽暗，
那是萤火虫，
带着希望在继续着忙碌。
晚风轻拂，
杂草丛生，
如梦如幻……

雨　后

胡嘉阳

雨，舞落天际。

绿，铺洒大地。

远处，溪水依旧潺潺，

流向无人知晓的尽头。

转身，见水从叶尖掉落，一滴，两滴。

尽了，亦就静了。

俯首大地，阳光散落四处，

亮了静谧。

仰望苍穹，风吹散了乌云，

也画出了彩虹……

月亮里熟睡的小女孩

单艺琳

深蓝的夜空弯月明，

银光闪闪它最亮。

月儿弯弯像条船，

月儿船里卧女孩，

女孩的嘴角微微翘，

露出两个淡酒窝。

那么安详与宁静。

样子甜美又可爱。

风儿吹吹，

月儿摆，

熟睡的身影真温暖。

雨

周昊明

雨，打在沙滩

雨，陷入金沙，

雨，敲击花伞。

雨，交错成网，

雨，过后光芒。
雨，走了，
留下万里晴空。

糖　果

赵梓骁

南瓜灯在黑夜中游走着，
这黑暗中唯一的而又恍惚的光源，
正在迷茫的小巷中寻找糖果。
它带着一个不安的灵魂在寻找它希望，
啊，糖果是多么的迷人啊！
让这个灵魂在黑暗中还去寻找这糖果，
当他找到那颗糖时，
才发现真正让他不安的不是糖果，
而是他那渴望得到款待的心。

故　人

李凯斯

树荫留倦人，
憩憩入梦乡。
佳人应犹在，
楼台如旧梦。
佳期似一梦，
胭脂还鲜红。
珠花应犹亮，
往事如现事。
记忆犹深深，
不愿离梦想。
梦觉一醒来，
泪沾吾衣裳。

雪

高若冰

雪，还在静静地下着，
在空中轻轻地飘着。
如星星般美丽，
虽不如牡丹艳丽色姿，
又没有玫瑰宜人芬芳。
但总还是迷人。
雪，还在静静地下着，
它在空中飞着，
在屋檐上闪着，
在手掌中化着。
雪，还在慢慢地下着，
在空中静静地飞着。